SWITCH NOTE

編著:滝本洋平・磯尾克行

人生が変わる88のスイッチ!

PUBLISHED BY A-WORKS

あなたの心の中にあるスイッチ。

そのスイッチがオフのままでは、
どんなに素晴らしい出逢いやキッカケ、
チャンスに繋がる情報を手にしても、いつまでたっても、
それらはただの「ジャンク」にしかならないだろう。

そのスイッチをオンにさえすれば、
毎日の出逢い、小さなキッカケ、様々な情報のすべてが、
ワクワクする未来を生きるためのヒントという名の「知恵」になる。

人生のスイッチをオンにしよう!

そのとき、
世界はスイッチひとつで、
一瞬にしてスイッチする。

学校が悪い、会社が悪い、社会が悪い…

物事がうまくいかないことを、環境のせいにする前に、
自分の視点を切り替えてしまえばいい。

周りの環境を変えるより、
自分の視点を変える方が、何百倍も簡単だ。

今すぐ、視点をスイッチせよ！
視点が変われば、人生が変わる。

!

ワクワクした!
ドキドキした!!
ピンときた!!!

それは、インスピレーションが湧き出ている合図だ。

自分のインスピレーションに従って、
まずは一歩を踏み出してみよう。
その一歩が、
あなたの世界を劇的に変えるかもしれない。

目の前に、絶対に越えられないような高さの壁が
立ちはだかっていたとしても、
実はすぐ横に道があるのかもしれないし、
穴を掘って壁の下に潜ることができるかもしれないし、
そもそも壁の向こうに行く必要はなく、
後ろに進むべき道があるのかもしれない。

角度を変えて、物事を見てみよう。
進み方や道はいくつもある。

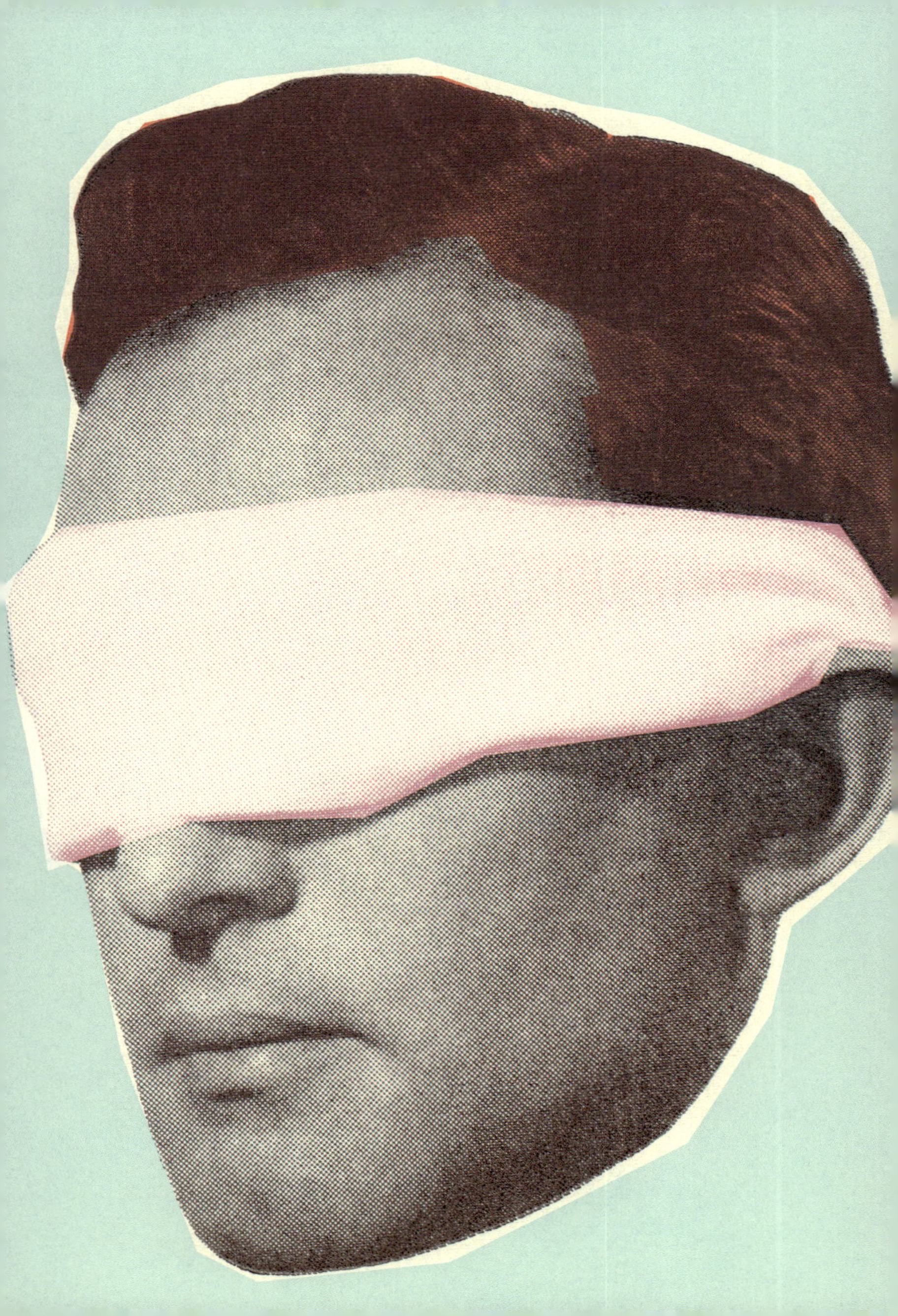

?

疑問を感じたとき。

それは、あなたの心のスイッチが入り、
新しい扉が開くチャンスなのかもしれない。

「あれ?」「えっ?」「なぜ?」
問いが生まれたとき。

その「?」をスルーしてしまっては、
あまりにも人生がもったいない。

「常識とは、
18歳までに身につけた偏見のコレクションのことをいう。」
アルベルト・アインシュタイン

いつの間にか身についてしまった不必要な“常識”。
それが、見えない枠組みとなり、
心を縛りつけ、視野を狭めている。

TAKE OFF FRAME!
さぁ、枠を外して、自分を解放しよう。

SWITCH

SWITCH

SWITCH NOTE

YOUHEI. T & KATSUYUKI. I 編著：滝本洋平・磯尾克行

人生が変わる88のスイッチ！

PUBLISHED BY A-WORKS

常識には、すべて根拠がある
と思っているかもしれないが、
そもそも、その根拠は誰かの操作なのかもしれない。

常識を鵜呑みにしてはいないか?

SWITCH:01

本来、人間は1日2食が一般的だった。
今の「1日3食」という常識を生み出したのは、発明家のエジソンだと言われている。

ある記者会見で、取材陣から「どうすれば、あなたのように頭がよくなれますか?」と質問されたエジソンは、「それは1日3食欠かさず食べることだ。1日2食では不健康。朝食を食べて3食にすべきだ」と答えた。
この発言が各マスコミを介して世間に広まり、1日3食になっていったらしい。

なぜ、エジソンはこんなことを言ったのか。

彼はそのとき、電気トースターを開発していて、それをより多く販売するために、「朝食を食べよう!」と提唱していたのだ。
つまり、ただの販売キャンペーン!

このエジソンの戦略に、メディアによる波及効果が加わり、世の中の常識が変えられてしまったというわけだ。

「1日3食」という当たり前の常識さえ、本当にそれが正しいのかどうかは、わからない。

絵が下手でも、漫画家になれる!?
楽譜が読めなくても、ミュージシャンになれる!?

必須と思われるスキルも、
実は必要ないのかもしれない。

SWITCH:02

『男一匹ガキ大将』、『俺の空』、『サラリーマン金太郎』など多数の大ヒット漫画を生み出した本宮《もとみや》ひろ志《し》さんは、「私は絵が下手だ」と公言している。
『サラリーマン金太郎』第1巻の最初に、こんなメッセージが書かれている。

私は、幸いなことに、絵が下手である。マンガ家のくせに絵が下手なことが、なぜ幸いなのか。下手だから、絵を人にまかせられる。おそらく日本中でいちばん、机の前に座っていないマンガ家だろう。ブラブラする時間があることは、他のマンガ家にくらべ、私は有利だと思っている。
何事もそうだ。自分の欠点を逆に活かせば、それは他人にない武器となる。
～本宮ひろ志～

絵が下手でも、一流の漫画家になれる。

＊

日本の音楽界を代表するグループ「DREAMS COME TRUE」のヴォーカル吉田美和《よしだみわ》さんは、数多くの曲を作曲しているが、楽譜の読み書きはできないらしい。

メロディーを思いついたら、折れ線グラフみたいな図で旋律をメモし、それを相棒である中村正人さんが譜面におこしているそうだ。

楽譜が読めなくても、一流のミュージシャンになれる。

遊んでいたら、成果は出せない。
サボっていたら、仕事がうまくいくわけがない。

それって、本当なのだろうか？

SWITCH:03

アウトドアブランド・パタゴニアの創業者イヴォン・シュイナードは、「冬にいい波が来るから」という理由で本社をカリフォルニア州ベンチュラに構えた。
そして「社員をサーフィンに行かせよう」というメッセージを掲げている。

パタゴニアの社員は、平日11時であろうと14時であろうと、いつサーフィンに行ってもいい。社員の多くは車にボードを積んで出勤し、いい波が来れば、仕事の合間をぬって波乗りを楽しんでいる。

それでは仕事は進まないのでは？
サボってばかりになっちゃうんじゃないか？
…そう思うかもしれないが、実際はまったく逆。

自由にサーフィンに行けるという環境が、責任感と効率性、柔軟性、協調性、プロフェッショナリズムを生み出している。

普通って何だろう？　当たり前って何だろう？
普通とは逆の考え方も、世界には普通にある。

固定された見方を、解除しよう。

SWITCH:04

この箱の影になっている部分は、内側なのか外側なのか。

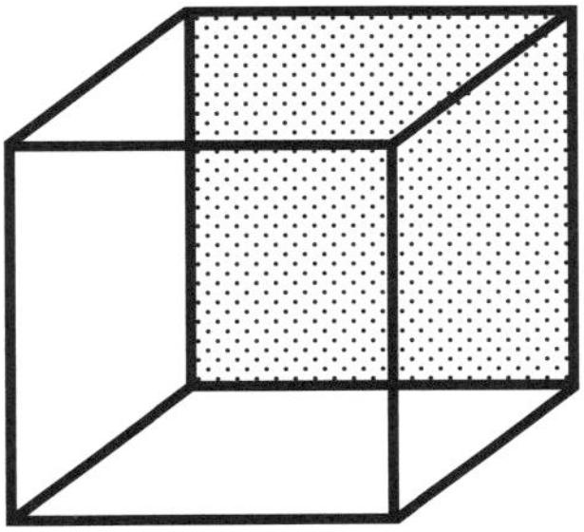

見方をスイッチするだけで、一瞬で世界は入れ替わる。
大切なのは、見方は1通りではないということに気付くことだ。

心配事なんて、
ほとんど実際には起きない。

大抵のことは、何とかなる。
何とかならないことは、どうあがいても、何とかならない。

いずれにせよ、そんなに恐れすぎることはない。

SWITCH:05

ある研究チームの調査によると、心配事の80%は、実際には起きないと言われている。
さらに、起きてしまう20%のことも、そのうちの80%は、あらかじめ準備して対応すれば解決できるという。

つまり、起きてしまうと手の打ちようのない本当の心配事は、全体の4%に過ぎない。

起こりもしない未来に不安を抱きすぎたり、悩みすぎたりする必要はない。
恐れず、前を向いて進もう。

「才能がない」と嘆く前に。
「スキルがない」とうなだれる前に。

実は、**才能がなくても、成功できる。**
本当は、**スキルがなくても、強みは作れる。**

SWITCH:06

便利屋「右近サービス社」の右近勝吉《うこんかつよし》さん。
彼は元祖便利屋と呼ばれ、月に300万円を稼いでいるという。

14歳でヤクザの組に入り、新宿でケンカに明け暮れていた。ある日、道端で宣教師の笑顔に出逢い、その笑顔見たさに教会に足しげく通うようになり、17歳でヤクザから足を洗った。

大学卒業後、職を転々としながら、26歳で世界一周の無銭旅行に出た。そして世界中を巡り、38歳のときに企業に就職しようと面接に臨むが、うまくいかず。
自分には何のスキルもないことに気付いた。

「それなら、自分ができることをすべてやろう」と考え、便利屋を始めた。
引越しの手伝い、ドブさらい、ゴミ捨て、お茶の相手、犬の散歩、旅行のお供、孤独な老人の話し相手…と、何でもやった。
依頼があれば世界中どこにでも飛んだ。世界中の石を集めているという方から「南極には行けないから、代わりに石を拾ってきてほしい」と依頼され、実際に行って来たこともあった。ブラジルから「電気がつかない」と連絡があって行ったこともある。
この仕事スタイルで月に4,600万円稼いだこともあったという。

「自分には何も能がない。何でもやるしか能がないから、何でもやります」
それが彼の哲学だ。

才能がない、スキルがないと嘆く前に、自分のできることをやってみれば？　彼の生き様に、そう問いかけられている気がする。

僕たちが常識と思い込んでいることだって、
間違っていることもある。

SWITCH:07

常温の水と沸騰した水を、同時に冷凍庫に入れると、
なぜか沸騰した水の方が早く凍る。

なぜそうなるのか、科学ではまだうまく説明できないらしい。

常識的に考えれば、逆だと思う。
しかし、それが現実だ。

常識は、絶対に正解というわけではない。

好きな人を喜ばせたい。
大切な人の笑顔が見たい。

そんな単純な理由から、
予想もしない力が生まれ、人生は変わってしまう。

SWITCH:08

これまでに130冊以上の絵本を出版し、
毎年10冊ずつくらい発表し続ける絵本作家・のぶみさん。

『しんかんくん』シリーズや『ぼく、仮面ライダーになる!』シリーズをはじめとする、たくさんのベストセラーを連発し、NHK教育番組では『みいつけた!』の『おててえほん』のアニメ、『おしりフリフリ』『おっとっとのオットセイ』『こちょこちょむしのこちょたろう』などの作詞も担当。さらに、EXILEのパフォーマーUSAや、漫画家の森川ジョージとコラボレーションして作品を生み出している。
大活躍のスーパー絵本作家だが、なんと超若手の34歳!

実績もすごいが、経歴はもっとすごい。
彼の実家はキリスト教の教会で、両親は牧師さん。
小学校時代はいじめられっこで、自殺未遂を2回経験したという。

「このままではダメだ!」と一念発起し、高校生になってからは、思いっきり逆の“ワルの世界”へ。そして、暴走族・池袋連合160人の総長になって大暴れしていた。
本当に本当にヤバイ学生時代…

その後、「かわいくて優しい女の子がたくさんいそう」という理由で、保育士の専門学校を10校受験するが、すべて不合格。
どこにも行けないな…と思っていたら、心配したお父さんが、こっそり替え玉受験した学校に合格し、保育士の専門学校に無事(?)入学。

そこで一目惚れした女の子の一言が、人生を変えた。
「わたし、絵本が好きなの」

「絵本だったら、俺、描いてるよ！」
もちろん描いていなかったのぶみさんは、嘘をついた。
そして、それを事実にするために、家に帰ってからすぐに絵本を描き、翌日から毎日毎日、彼女に届けて、見せていた。

彼女を喜ばせるために。もっともっとすげー絵本を描くために。
近所の図書館に行って、そこにあるすべての絵本（6,000冊！）を読破＆研究。2年にわたって彼女のために、独学で描き上げた絵本は、なんと300冊！
出版社にそれらの持ち込みを続け、ついに絵本作家デビューを果たした。

それから10年。出版された絵本は130冊を超えた。

現在、のぶみさんは2児のパパ。
そして、奥様は… 絵本が大好きな、あの彼女だ。

*

最後にもうひとつ、のぶみさんの話。

彼は現在までに130冊以上の絵本を出版しているが、出版社からオファーされた企画は、たったの3冊だという。
あとはすべて、自分で出版社に持ち込んでいるのだ。

彼は言う。
「ボツになったものは2,000作以上ある。自作のものは1万作くらいあるよ」

MY SWITCH NOTE

スイッチNo.

DATE: . .

memo

88 Switch

MY SWITCH NOTE

自分のできそうなことの中から
選んでいたら、
そりゃ、ワクワクしないでしょ。

なんでもできるとしたら、なにをする？
そう考えれば、
人生は劇的に楽しくなる。

MY SWITCH NOTE

スイッチNo.

DATE: . .

memo

88 Switch

MY SWITCH NOTE

苦しいときは、暗くなってしまうものなのか?
苦しいときでも、明るくいられるものなのか?

心のあり方だけで、闇は打ち破れる。

SWITCH:09

第二次世界大戦中、アウシュビッツにあった強制収容所。
ナチス・ドイツにより作られたこの収容所で、ユダヤ人やポーランド人、捕虜などの大量虐殺が行われた。

多くの人が、いつ殺されるかわからないという死の恐怖で狂っていった。
そんな中でも、狂わない人たちがいた。
精神科医・心理学者でもあったヴィクトール・フランクルもそのひとりだ。

「心の中まで占領されることはない」
彼は、収容施設の中で、いつも明るい希望だけをイメージし続けた。
そして彼は過酷な状況の中、生き延びることができたのだ。

どんなに最悪で悲惨な状況でも、自分の心のあり方だけは自分で決められる。

チャンスはどこに転がっているかわからない。
その瞬間を見逃さず、すぐに動けるかどうか。

それが鍵になる。

SWITCH:10

カリスマ日本人個人投資家B・N・F(ハンドルネーム)。
個人資産が210億円を超えたとも報道された彼が、株式投資を始めたのは大学生のとき。
元手はたったの160万円で、株の勉強は「株の売買はどうやったらいいか」がわかる程度の本を 1冊読んだだけで、あとの知識は自分で運用しているうちに自然と身についたという。

B・N・Fの名を一躍有名にしたのは、ある事件だった。
2005年12月8日、人材派遣会社のジェイコムの株が市場を大混乱させた。
みずほ証券の担当者が「61万円1株売り」の注文を、「1円61万株売り」と誤注文したのだ。

このときB・N・Fは、7,100株を取得。
同じ日に1,100株を売り、残る6,000株を現金決済し20億円以上を手にした。
誤発注事件が起きたわずか10分くらいの間に、40億円以上投入したと言われている。

もしかしたら、誰の前にも、チャンスは既に、たくさん現れているのかもしれない。

ぼんやりした夢か？ ハッキリしたビジョンか？
未来を具体的に描いているか？ 漠然と描いているだけか？

その違いが、人生の違いになる。

SWITCH:11

ソフトバンクグループの創始者、孫正義《そんまさよし》さんは、「二十代で名乗りを上げ、三十代で軍資金を最低で一千億円貯め、四十代でひと勝負し、五十代で事業を完成させ、六十代で事業を後継者に引き継ぐ」という『人生50年計画』と呼ばれるビジョンを描いて、ビジネスを始めた。

彼がビジョンを描いているのは、ビジネスだけではない。
ゴルフを始めたときにも、ビジョンとイメージを大切にしていたという。

まずやったのは、フォームが一番きれいだと言われていたゴルファーのスウィングを、半年間ビデオで見続けるということだ。
こうして、頭の中に正しいイメージを完全に叩き込んだ。

次に「1年目でスコア90台、2年目で80台、3年目で70台」というビジョンを描いた。
そして、本当にその通りに目標を達成してしまったのだ。

明確なビジョンとイメージが、現実を作り上げる。
ビジネスも、遊びも。

「定年」という常識に縛られなければ、
人は**「生涯現役」という人生**を貫くこともできる。

SWITCH:12

日本近代彫刻界の巨匠、平櫛田中《ひらくしでんちゅう》さん。
彼は、90歳で文化勲章を受章し、98歳のときにアトリエを新築した。

そして100歳を迎えた際に、直径2mのクスノキ材3本を600万円で買い込んだ。
それは30年分もの材料だった。
つまり130歳まで仕事を続けるつもりだったのだ。

そして彼は、107歳で亡くなる直前まで作品を作り続けた。

＊

六十 七十は
はなたれこぞう

おとこざかりは
百から百から

わしも これから これから

いまやらねば いつできる
わしがやらねば だれがやる

〜平櫛田中〜

「人生80年！」…でも、本当に使える時間は40年!?
「10年間で結果を出そう！」…でも、本当に使える時間は5年間!?

人生は有限だ。

SWITCH:13

人間の一生を80年とすると、平均、睡眠に27年、食事に10年、トイレに3年費やしていることになる。

これらを差し引くと、残りは半分。
わずか40年しか残っていない。

人生は短い。
やりたくないことをやっている暇はない。

寝ている間は、休息の時間、疲れを取る時間。

ただ、それだけのためにあるのだろうか？

SWITCH:14

ビートルズのポール・マッカートニーが、ある朝、目を覚ますと、『Yesterday《イエスタデイ》』が完全なカタチで、いきなり頭の中に出来上がっていた。

あまりにも完成されていたため、彼は周りの人に「この曲は他人の既存曲ではないか」と聞いてまわって確認した。

結局、誰もこのメロディーを知らなかったため、ポールはその曲をオリジナル作品として発表し、『Yesterday』は大ヒット曲になった。

たくさん眠ってしまうことは、ときに罪悪感を持つ人もいるが、もしかしたら寝ることだって、仕事になるのかもしれない。

ダメモトでも、とにかく動いてみる。
そこから始まる人生のストーリーがある。

SWITCH:15

アラスカで暮らしながら、野生動物をはじめとするアラスカのすべてを題材に、素晴らしい写真とエッセイを発表し続けた星野道夫《ほしのみちお》さん。

彼が最初にアラスカに渡ったきっかけは、1枚の写真と1通の手紙だった。

慶應義塾大学経済学部へ進学し、探検部で活動していた彼は、古本屋街の洋書専門店で、1冊のアラスカの写真集を見つけた。

元々、北海道の自然に強く魅かれていた。
その北方への憧れは、いつしかアラスカに移っていた。
とはいえ、当時はアラスカに関する本を見つけることは難しく、想いばかりがつのっていた。
写真集に出逢ったのは、そんなタイミングだった。

それからというもの、どこに行くときも、カバンの中に写真集を入れて、何度も何度も写真を見続けていた。

その中に1枚、心を掴んで離さない写真があった。
それは、北極圏にあるエスキモーの村を空から撮ったものだった。
その村が気になって気になってしょうがなかった。

こんな地の果てのような場所に、なぜ人々は暮らしているんだろう。
一体どんな人たちが、何を考えながら生きているんだろう。

そして、「どうしてもその人たちに会いたい」という想いが膨らんでいった。

彼はダメモトで、手紙を書いてみることにした。
写真にあったキャプションには、「シシュマレフ村」と書いてある。
住所も宛名も、どうしていいかわからなかった彼は、村の名前に「アラスカ」と「アメリカ」を付け加え、宛名は「シシュマレフ村 村長」と書いた。
そして、想いを綴った。

あなたの村の写真を本で見ました。たずねてみたいと思っています。何でもしますので、誰かぼくの世話をしてくれる人はいないでしょうか…

『ぼくの出会ったアラスカ』星野道夫（小学館文庫）

返事は来なかった。

当たり前だ。
宛名も住所も正確ではないし、もし届いたとしても、まったく知らない自分を迎え入れてくれるはずはない…。
彼は、手紙を書いたことも忘れていった。

しかし、奇跡が起きる。

半年くらい経ったある日、学校から帰ると、郵便箱の中に英語の手紙を見つけた。
なんと、シシュマレフ村から届いた手紙だったのだ。

……手紙を受け取りました。
あなたが家に来ること、妻と相談しました……
夏はトナカイ狩りの季節です。人手も必要です。
……いつでも来なさい……

『ぼくの出会ったアラスカ』星野道夫（小学館文庫）

そして彼は、飛行機を乗り継いで、アラスカに渡り、村でホームステイをしながら約3ヶ月を過ごした。
村人との出逢い、クジラ漁、アザラシ猟、トナカイ狩り、白夜…
様々な強烈な体験が、彼の心に刻まれていった。
19歳の夏だった。

その後、写真家という仕事を選んだ彼は、大きな夢を抱いて、再びアラスカに渡り、そこに18年間住んだ。
そして、アラスカのすべてを撮影し、文章を書き、発表し続けたのだ。

*

1996年8月8日。
ロシア・カムチャツカ半島クリル湖へ、テレビ番組の取材で訪れた彼は、湖畔に設営したテントでヒグマに襲われ、この世を去った。

「白か黒で答えろ」という
難題を突きつけられ
ぶち当たった壁の前で
僕らはまだ迷っている
迷ってるけど
白と黒のその間に
無限の色が広がってる

『GIFT』Mr.Children

MY SWITCH NOTE

スイッチNo.

DATE: . .

. .

memo

88 Switch

MY SWITCH NOTE

普通とは逆の発想が、

答えに繋がっていることがある。

SWITCH:16

今や日本を代表する世界規模の企業となった「ユニクロ」の話。

1995年。ユニクロの売上は順調に伸び、店舗数はどんどん増加していた。それに伴い、商品の品質チェックが行き届かなくなり、質が落ちていってしまうことを危惧し、あるキャンペーンが行われた。

全国紙や週刊誌に「ユニクロの悪口言って100万円」という広告を出したのだ。
素晴らしいクレームを送ってくれた人に、賞金100万円をプレゼントする、というわけだ。

1万もの悪口が届いた。

そしてユニクロは、指摘された問題点を分析し、具体的に改善していった。
「コンサルタントに聞くよりも、お客様がユニクロをどう見ているのか直接聞いた方が、絶対に役に立つ情報が得られるはず」と考えて企画されたキャンペーンだった。

こうして品質・顧客満足度は向上し、ユニクロの快進撃はさらに勢いを増した。

大切な一歩を止めてしまっているその心配は、
本当に必要なものだろうか。

いらぬ心配はかき消して、前に進もう。

SWITCH:17

万が一ダメだったら…

それは確率1/10,000。
つまり99.99%は大丈夫ということ。

たった0.01%の「ダメ」なんて起きるはずがない。
まったく恐れる必要はない。

足踏みしていても、靴の底は減る。
さぁ、一歩を踏み出そう。

問題が起きたとき、そこから何を学ぶのか？
最悪の事態を、最良の出来事に変えられるのか？

それが人生の分かれ道だ。

SWITCH:18

アップル（Apple）の創設者・スティーブ・ジョブズは、自分で創った会社を一度クビになっている。

＊

そのときはわからなかったのですが、やがてアップルをクビになったことは自分の人生最良の出来事だったのだ、ということがわかってきました。成功者であることの重み、それがビギナーであることの軽さに代わった。そして、あらゆる物事に対して前ほど自信も持てなくなった代わりに、自由になれたことで私はまた一つ、自分の人生で最もクリエイティブな時代の絶頂期に足を踏み出すことができたんです。

〜スタンフォード大学卒業式（2005年）のスピーチより〜

＊

そして、その後ジョブズはピクサーを作り、結婚し、経営の傾いていたアップルを立て直すために戻ってきて、見事に再建した。

すべての問題には、すべてギフトがある。

実は、世界は思っている以上に小さく、人間の関係は想像以上に近い。

SWITCH:19

「六次の隔たり／six degrees of separation」という言葉を知っているだろうか。
これは、世界中の任意の2人は、「知人の知人」というような知り合いの連鎖の中で、約5人の仲介者によって間接的に繋がっているという考えだ。
つまり「人は自分の知り合いを介していけば、6人目で世界中のどんな人とでも繋がれる」ということ。

この概念は、ハンガリーの作家カリンティ・フリジェシュが1929年に発表した短編小説『鎖』が初出で、「六次の隔たり」という言葉は、劇作家ジョン・グエアの戯曲に由来している。

アメリカのスタンレー・ミルグラム教授が、1967年に「スモールワールド」という実験を実施し、この概念は実際に証明されたと言われている。

さぁ、会いたい人がいれば、今すぐ周りの友達に聞いてみよう。
「○○と繋がっていそうな人、誰か周りにいない?」

知人の知人を5人介していくだけで、アメリカ大統領にだって繋がれるかもしれない。

会いたい人には、会える。
そう考えるだけで、人生は何倍も楽しくなる。

勝つために攻めるという道がある。
勝つために逃げるという道もある。

SWITCH:20

普通、店舗をオープンするときは、出店コストを抑えることを意識する。しかし、全国に100円ショップを展開する「ワッツ」は、まったく逆の考えだ。

ワッツは、オープン時に退店コストを最小化することを考えている。心がけているのは、大掛かりで派手な店作りではなく、内装にお金をかけず、シンプルで小さめの店作り。「撤退を決めたら、できるだけ早く退店できる契約を」と家主と交渉もしているという。

それはなぜか？
それは、100円ショップの最大手「ダイソー」が近くに出店してきたら、すぐに逃げるため。
品揃え豊富なダイソーの大型店舗が近くに出店してきたら、ワッツの売上は間違いなく減ってしまう。だから、そこで無駄に戦うのではなく、できるだけ早く逃げてしまおう、という戦略だ。

まだどの100円ショップチェーンも目をつけていない場所にいち早く出店し、稼ぎを上げ、他の大手が進出してきたら、あえて勝負などせずにすぐに撤退。そしてまた、ライバルがいない場所を探して、新店をオープンさせる…。
そんな逆転の発想で利益を確保しているというわけだ。

勝つための手段は、「戦う」だけではない。

ちょっとした発想の転換で、
新たな価値が生まれることだってある。

SWITCH:21

ポップアート画家のアンディ・ウォーホルの作品に、毛沢東の肖像画がある。

俳優のデニス・ホッパーが、所有していたこの作品。
ある日ホッパーが自宅に帰ったとき、自分をじっと見つめているような毛沢東の肖像画が、本人にあまりによく似ていて気味悪くなり、思わず銃で2発撃ってしまったという。
弾痕は毛沢東の右肩の上と左目の上に残ってしまった。

後日、ホッパーが、ウォーホルにこの絵を見せたところ、「この作品を2人の共同作品にしよう」と、絵に残った穴を丸で囲み、ひとつに「WARNING SHOT(威嚇射撃)」、もうひとつに「Bullet Hole(弾痕)」とキャプションを書き加えた。

こうして、アンディ・ウォーホルとデニス・ホッパーの共同作品が出来上がった。

この絵は、ホッパーの死後、競売にかけられ、落札予想額の10倍以上となる30万2,500ドル(約2,500万円)の値が付いた。

弾痕すらも、アートになる。

自分が選んでいるようでいて、
誰かに選ばされているのかもしれない。
自分の好きなことでさえ、
他人にコントロールされているのかもしれない。

流されてはいないか？
自分の感覚を再確認しよう。

SWITCH:22

毎年の流行色は、国際会議によって決められている。
1963年に発足したインターカラー（国際流行色委員会）という組織によって、2年先のシーズンに向けての流行色が選定される。
選ばれた色は、その後開催される素材や布地の展示会、そしてデザイナーコレクションといった流れを経て、洋服などの製品に生かされ、最終的に商品となって店頭に並んでいるのだ。

自然の流れで生まれていると思っていた「流行」は、実は会議で決められている。

今着ているその服、自分の感覚で選んでいる？

自分とは関係ないと思っていた世界に、
自分を賞ける場所が見えてくることもある。

進むべき道は、
意外な方向にあるのかもしれない。

SWITCH:23

神奈川県の県議会議員として活躍している近藤大輔《こんどうだいすけ》さん。
逗子で育ち、逗子を愛する彼は、一般的な政治家のイメージとは、大きくかけ離れている。

彼は、中学1年までサウジアラビアの砂漠の中で生活し、その後、神奈川県の逗子市に移り住んだ。大自然の中で育った彼は、日本の学校ルールに馴染めずやりたい放題で、長い髪を振り乱し、バイクを乗り回し、喧嘩しまくり、ドラムを叩いていた。
「当時の俺はフラストレーションの塊みてぇなもんだったからさ」

高校卒業後は、ミュージシャンになることを目指した。
その頃感じていた世の中の矛盾をぶち壊すために、すべてを音楽に託し、ドラムを叩き続けていた。

そんなある日。
彼は、同乗する車が大事故を起こし、一緒に車に乗っていた仲間のひとりを失った。自分自身も腕と背骨を折り、半年間病院のベッドの上で闘病生活を送る。

病院のベッドで「なぜ自分は生きているのか?」と、自分の内面と深く向き合う日々。
そのとき、「ひとりで生きているわけじゃない、守られてるんだ」という想いが生まれ、家族・仲間・自然・社会といった自分を守ってくれるものを守るために、何かやりたいと考えはじめた。

その頃、大好きな逗子の街がだんだんと変わり始めていた。
マンションが次々に建ち、森も乱開発された。
「おいおい、どういうことだ。俺の街に勝手に何しやがるんだ!」
最初は仲間内で、ファックだ、デストロイだと叫んでいたが、もちろん、何も変わらない。
彼は考えた。
「日本は法治国家だから、そういうルールを作ればいい。だったら政治をやるしかねぇ」

そして彼は、仲間を集めた。
「誰か議員になって、あの乱開発を止めてこい。俺は今からタイに行くから、帰ってくるまでに、誰が議員になるか決めとけ」
そう伝え、エイズボランティア活動をするために、タイへと旅立った。

日本に戻ってきたのは、選挙の1ヶ月前。
再び仲間を集め、「どうだ?」と聞いたが、誰もが議員になるのは無理だという。
「それならわかった。玉砕覚悟だ。俺の生き様、見せてやらぁ」
勢いで出馬を決めた。

とはいえ、もちろん選挙なんて何もわからない。
お金も7万円しか持ってない。気合いだけ。
仲間たちがお金を貸してくれて、70〜80万円を持って、逗子市市議会議員選挙に立候補した。

仲間や家族に支えられながら、自転車で街中を走り回って、自分の想いをとにかく叫びまくった。まさしくドタバタ選挙。

そして彼は見事当選した。28歳だった。

彼は言う。

「俺はLOVE,PEACE&NATUREって想いを表現し続けているだけ。そういう意味だと、音楽をやることも、店をやることも、政治家をやることも、全部同じ。ただ表現方法や仕事場が違うだけと思っ

てるよ」

「俺の場合、何か決めるときや行動を起こすとき、まず自分の家族の幸せを真っ先に考えてるよ。家族は社会の最小単位、その集合が社会。だから一番身近にある家族の幸せってのは絶対なわけ。俺の家族や周りの仲間たち、まずはそれを大切にしていきたい」

「周りからは『環境議員』なんて大げさに言われたりするけど、もっと単純な感じだよ。俺には2人の子どもがいるんだけど、こいつらが大人になったときに、俺の大好きな自然が少しでも残ってるようにしてやりてぇな、っていうシンプルな想いだよね。子どもたちが、これから先、よりHAPPYに暮らせるために今何ができるか。そういう気持ちでいつも動いてるよ。そこでのやりがいはすげぇあるよ」

彼は、3期4選逗子市議会議員として活躍し、2007年からは、神奈川県の県議会議員を務めている。

今も、想いは、何も変わっていない。

Think globally, act locally.
愛するもののために、今日も走り続けている。

人生の決断に理由なんていらない。
一瞬の衝動がすべてを決める。

やりたいから。
行きたいから。
それで充分だ。

理由は、あとからついてくる。

MY SWITCH NOTE

スイッチNo.

DATE: . .

. .

memo

88 Switch

MY SWITCH NOTE

僕たちは、簡単に騙される。

当たり前に信じているものを、疑ってみよう。

SWITCH:24

イチゴ、メロン、レモン…とカラフルに並ぶカキ氷のシロップ。
どの味にしようか？といつも迷ってしまうが、実はベースのシロップはすべて同じらしい。
だから、目を閉じてしまえば、味の違いは判断できない。

違いは着色料と香料だけ。
その見た目とちょっとした香りに、僕たちの脳や味覚はごまかされているのだ。

事実なのか？　錯覚なのか？
あなたは何を信じますか？

誰もが思いつきそうなこと…
ふと湧き上がってきた小さなアイデア…

それを実際にやるかやらないか。
それで人生は変わる。

SWITCH:25

サンタ・メールというサービスがある。
バイロン・リースという男が始めたこのビジネスは、アイデアが面白い。

彼はサンタクロースの助手になりきって、アラスカのオースティンから「子どもたちに手紙を送る」というサービスを始めた。

スタートしたのは2002年。
サイトを開くと、こう書いてある。
「The ORIGINAL and still the BEST, over 315,000 Letters sent!」

つまり、これまでに315,000通の手紙が送られている。

手紙は1通9.95ドル。
売上は300万ドル、約2億5,000万円を超える。

たった1つのアイデアで億万長者!?
しかも30万人以上の子どもたちを喜ばせているのだ。

本来、人は皆、狂気を秘めている。
社会という枠組みの中、
人は皆、その狂気を押し殺して生きている。

仕事で狂気を表現できれば、才能は開花する。

SWITCH:26

デ・ニーロ・アプローチという言葉がある。
これは、俳優ロバート・デ・ニーロの役作りの方法があまりにも貪欲だったために生まれたものだ。

彼は、『ゴッドファーザー PARTⅡ』の撮影前には、シチリア島にわざわざ行き、シチリアなまりのイタリア語を勉強し、『タクシードライバー』の前には、実際にタクシーの運転手として働き、『アンタッチャブル』のときは、頭髪を抜いていたという。

日本では、松田優作《まつだゆうさく》さんの役作りが有名だ。
『野獣死すべし』の前に、役作りのためにしばらく音信を絶ち、その間に10kg以上減量し、さらに頬がこけて見えるように上下4本の奥歯を抜いた。

狂気なまでの貪欲さが、圧倒的な力を生み出している。

もう年だから…？

何かを始めるときに必要なのは、年齢ではない。情熱だ。
年齢とは、何かを諦めるときに必要な言い訳でしかない。

SWITCH:27

ヴァイオリン職人の菊田浩《きくたひろし》さん。

彼はNHKでエンジニアとして働いていたが、35歳のとき、ヨーロッパの露店で3,000円で手に入れたヴァイオリンに魅せられ、それまで作ったことはもちろん、弾いたこともなかったのに、仕事の傍らヴァイオリン製作教室に通い、作り方を学び始めた。

自分なりに上手に作れるようになってきた頃、イタリアで修行をしていた日本人に自分の作ったヴァイオリンを見せたところ、「設計図通りによくできているが、これはヴァイオリンではない」と言われてしまう。
そのことがきっかけとなり、本格的なヴァイオリン職人になることを決意する。

40歳。
結婚して7年目。
妻に「仕事を辞めて、アルバイトをしながらヴァイオリン作りをしたい」と打ち明けた。
すると彼女は、「自分の人生にはこれしかないと思うのであれば、中途半端なことはせずに仕事を辞めイタリアで勉強した方がいい」と言ってくれた。
その言葉に、背中を押され、彼は留学することを決意した。

そして41歳にして、イタリアのヴァイオリン製作学校に入学。
周りの同級生はみんな10代。
しかも、ヴァイオリン製作だけではなく、他の教科も勉強しなければならなかった。
学校に通いながら、同時に、日本にいるときから憧れていた職人ニコラ・ラザーリの工房に出入りし、ヴァイオリン製作を学んだ。
3年後。
なんと学校を主席で卒業。
同時にフェラローニ財団より最優秀卒業生として表彰、奨学金を授与された。

その後もヴァイオリンを作り続け、2006年に最難関のコンクールとして知られる「ヴィエニアフスキー国際ヴァイオリン製作コンクール（ポーランド）」に参加し、日本人として初優勝。同時に最優秀音響賞を受賞した。
さらに翌年には、「チャイコフスキーコンクール・ヴァイオリン製作部門（ロシア）」に参加し、第1位、ゴールドメダルを受賞した。

35歳からヴァイオリンを作り始め、わずか16年間で、世界一のヴァイオリンを創り上げたのだ。

MY SWITCH NOTE

スイッチNo.

DATE: . .

. .

memo

88 Switch

MY SWITCH NOTE

誰かが壁を壊してしまえば、
非常識も常識に変わる。

SWITCH:28

かつて、人間が息をこらえて潜れる理論的な限界水深は30数メートルだった。
それ以上潜ると、水圧によって死んでしまうと言われていた。
しかしイルカと海と自然をこよなく愛した男、ジャック・マイヨールは、49歳のときに、素潜りで水深100mの壁を越えた。
常識は塗り替えられた。

＊

かつて、人間は8,000m以上の高度では、酸素ボンベなしで呼吸はできず、激しい運動は不可能だと言われていた。
しかし、登山家のラインハルト・メスナーは、8,000m以上の山の無酸素登頂を成功させた。
常識は塗り替えられた。

＊

かつて、日本の野球選手が、メジャーリーガーになるなんて、夢のまた夢だった。
野茂英雄《のもひでお》さんがメジャーリーグに移籍してから17年。
既に日本人メジャーリーガーの数は、50人を超えた。
常識は塗り替えられた。

＊

「常識」と言われているものは、
所詮、誰かが作り上げたものに過ぎない。

大手だから、大企業だから、絶対安心？
公務員だから、医者だから、絶対安定？

本当の安泰って、どこにあるのだろうか？

SWITCH:29

世界トップクラスの技術力を誇る総合家電メーカー・シャープが、2012年、グループ合計5万7,000人の社員の中から11,000人を削減する計画を発表した。

シャープの工場に勤務する30代後半の社員の言葉が印象的だった。
「地元ではシャープに入れば一生安泰だといわれてきた。描いていた人生設計が完全に狂ってしまいました」

約束された「一生安泰」という言葉は、幻想だったのだ。
過去の成功モデルは、もう通用しないのかもしれない。

苦手なものは苦手と言おう。
嫌いなものは嫌いと言おう。

ぶっちゃけることが、
役割を明確にし、チーム内の信頼を生み出す。

SWITCH:30

作家でありながら、飲食・レストランチェーン、出版社、NPO法人など、いくつもの会社や団体の代表を務めている高橋歩《たかはしあゆむ》さん。

経営者であるはずの彼だが、実は表計算ソフトのExcel《エクセル》すら使えない。
使えないどころか、見ることすらしない。

「俺、エクセルとかって苦手というか、体が受け付けないんだよね。
見てるとおなか痛くなっちゃう。だからその辺は全部任せるよ。
そのかわり、思いつきや企画に関しては、俺に任せておいてよ！」

そうやって、苦手なことを公言し、「できる人」をチームに入れ、役割を明確にし、仲間を信頼して完全に任せている。
それと同時に、自分が得意なことは任せておけと宣言し、絶対的な信頼関係を築いている。

こうして仲間で補い合うことで、苦手なものや嫌いなものを、クリアしているのだ。

苦手なものを隠して無理する必要はない。
仲間に任せてしまう、という解決方法だってあるのだから。

ちょっとした思いつきと、小さな一歩から、
奇跡は始まる。

SWITCH:31

『リアル鬼ごっこ』、『親指さがし』をはじめ、数々の小説を世に送り出し、若者から圧倒的な支持を得ているベストセラー作家の山田悠介《やまだゆうすけ》さん。
発表された作品はいずれも大ヒットし、映像化された作品も多数ある。
1981年生まれ、31歳の若手小説家だ。

彼が初めて小説を書いたのは、19歳のときだった。
元々、小説家を目指していたわけでもなく、しかも、読書すらほとんどしたことがなかったというから驚きだ。

高校を卒業し、ただアルバイトをする日々。
「このままじゃ、まずいかな」と思った彼は、将来を考え始めた。

なんとなく、頭の中でストーリーのようなものを作るのが好きだったので、それを形にしてみようか、と思ったのがきっかけだったという。

「映画なんかを作るのは無理だろうけど、文章なら書けるかな」
そんな軽い気持ちで文章にしてみた。
そして、せっかく文章が完成したのだから、本にしてみたいと考えた。
でも作家じゃない自分の本を出してくれる出版社はないだろうから、手っ取り早く、自費出版をしてみた。本当に本当に軽い気持ちで。

そうやって作られた本が、後に出版業界を震撼させることとなる『リアル鬼ごっこ』だ。

自費出版の印刷部数は、たったの1,000部。
売れる、売れないなんて考えていなかった。

「記念みたいなもの」という意識で作ったこの本だったが、奇抜な発想と世界観、そして自由奔放!?な筆致が話題となり、中高生を中心に、その波紋が広がり始めた。

売れ行きは止まることなく、驚異的な数字を叩き出し続け、コミック化もされ、さらなる広がりを見せた。
発売7年後には、遂に映画化され、社会現象に発展するほどのブームを巻き起こした。
そして、ダブルミリオンセラー(200万部以上)となった!

無名の新人が、何の賞も獲らずに、大ヒット小説を生み出す。
これは、本当にあったジャパニーズ・ドリームだ。

MY SWITCH NOTE

スイッチNo.

DATE: . .

memo

88 Switch

MY SWITCH NOTE

ミスをしない人間は、
何もしない人間だけだ。

セオドア・ルーズベルト（アメリカ合衆国第26代大統領）

MY SWITCH NOTE

スイッチNo.

DATE: . .

memo

88 Switch

MY SWITCH NOTE

愛する人のためだけに…
たったひとりの人のことだけを考えて…

それが、多くの人の心も揺さぶるものになる。
そう考えれば、仕事も生き方も楽になる。

SWITCH:32

世界中で乗られている本田技研工業のバイク「スーパーカブ」。
シリーズの生産台数は6,000万台を突破し、史上最強のバイクとの呼び声も高い。

このバイクは、本田技研工業の創始者・本田宗一郎《ほんだそういちろう》さんの「妻のために」という想いから生まれたと言われている。

自転車を漕いで、食料の買い出しに行く妻の苦労を見かねて、「エンジンをつけたら買い出しが楽になる」と思いつき、自転車に補助エンジンを付けたのが、カブの始まりなのだ。

妻が乗りやすいように操作を簡単にしたり、モンペをはいて乗っても油が付かないように改良したり、経済面も考えて燃費の良さを追求したり…すべては「妻を楽にさせてあげたい」という想いからだった。

彼は、「人に喜ばれるものを、幸せにするものを」ということを、何を作るにしても、常に第一においていたと言われている。

たったひとりのために。
そのために作ったものが、結果として6,000万人を喜ばせている。

ちなみに、彼はカブの漬物が好きで、妻はいつも自転車に乗って、市場までカブを買いに行っていた。それで「カブ号」と命名したらしい。

限界を生み出しているのは、誰だ？

SWITCH:33

日本で初めて「ホスピス（終末期ケア）」を作った101歳の現役の医師、日野原重明《ひのはらしげあき》さん。
彼は毎日、夜の2時に寝て、朝5時に起き、70歳から本格的に始めた執筆業で、300冊以上の本を書いている。

さらに90歳を超えてからは、生まれて一度もやったことのない「脚本」を手掛け、10歳のとき以来の舞台にも上がった。

今は、作曲も始めているという。
彼の予定表には数年先までのスケジュールが詰まっている。
100歳を超えても彼の好奇心はつきない。

「年齢」にきっと限界はない。
「好奇心」にもきっと限界はない。

「先入観」がいつも限界を作っている。
「前例」がいつも限界を生んでいる。

失敗すらも成功のきっかけになる。

間違いこそが正解の糸口になる。

SWITCH:34

1886年に、アメリカ南部のジョージア州アトランタで生まれたコカ・コーラ。

アトランタで薬剤師をしていたジョン・S・ペンバートン博士が生み出した最初のコカ・コーラは、ただの甘いシロップだった。そのシロップを、店で水で薄めて出していた。

しかし、ある日、一軒の店が失敗をおかした。
間違えて、水ではなく炭酸水を入れて、お客に出したのだ。

ところが、その失敗コーラが、爽やかで美味しかった。
そして、これが爆発的な人気となり、今でも世界中で愛されている「炭酸割りのコカ·コーラ」が生まれた。

きっかけは、ちょっとした失敗だったのだ。

僕たちの生きる世界は、驚きに満ちている。

SWITCH:35

道ばたにいる小さなアリ。
普段は、ほとんど気にもとめないミクロの存在。

地球上にいるアリは、全部で約1京匹。
総重量は、全人類の総重量に匹敵するらしい。
知ってた？

世界は、僕たちの想像を遥かに超えている。
そんな視野を持つだけで、世界は何倍にも広がる。

強固なこだわりさえあれば、道は開ける。

SWITCH:36

ボクシング映画と言えば、リング上で「エイドリアーン!」と叫ぶボクサーの姿を思い浮かべる人は多いだろう。
シルベスター・スタローン演じる、『ロッキー』だ。

スタローンは、出生時に、産科医の鉗子の扱いミスで、顔面の神経が傷つけられ、言語障害と下唇の下垂《かすい》という症状が残ってしまった。これによって、子どもの頃の彼は内向的になり、空想することや、映画に興味を持つようになった。

高校卒業後は美容師学校へ進んだが中退。
その後、演劇を学び、本格的に俳優を志すようになっていった。
しかし、顔面麻痺による演技力の限界もあり、映画のオーディションに落ち続けていた。なんと、50回以上も落選していたという。

ポルノ映画に出演したり、ボディーガードをしたりするなどして、なんとか日銭を稼ぐような極貧生活が長く続いていた。

そんなある日。
彼はTVで、ボクシングの世界ヘビー級タイトルマッチ「モハメド・アリ VS チャック・ウェプナー」の試合を観戦した。

当時、アリは世界最強との呼び声が高く、対するウェプナーは、スタローン同様に極貧生活を送っていた。
ウェプナーには、まったく勝ち目はないと言われていた。

結果はアリの勝利だったが、予想外の接戦で、ウェプナーはアリからダウンを奪い、対戦後に「二度と戦いたくない」と言わしめたのだ。

この試合に強く感銘を受けたスタローンは、そのインスピレーションで、わずか3日で脚本を書き上げた。
これこそが『ロッキー』だった。

この『ロッキー』の脚本を持って、すぐに売り込みを開始した。
そして、ひとつの映画会社が、この脚本で映画を製作したいと手を挙げた。
ポール・ニューマン、ロバート・レッドフォード、アル・パチーノといった大物を出演させ、大ヒットを狙おうと話が進んでいた。
脚本に対するギャラも、当時としては破格の7万5,000ドルという金額が提示された。

しかし、これをスタローンは拒否した。
「自分を主役にしないなら、脚本は渡さない」と。

そして、長い長い交渉の結果…
製作費はかなりの低予算となり、スタローンのギャラは、俳優組合が定める最低金額で、脚本料は2万ドルに減額(一時は36万ドルまで高騰していた)、その代わりに、スタローンが主役となり、製作されることとなった。

スターが出演しない作品となってしまったため、わずかな上映館でスタートした『ロッキー』だったが、徐々に大評判を呼び、その年のアカデミー賞作品賞を受賞!
世界規模での大ヒットとなった。
その後の彼の活躍は、ご存知の通り。
『ランボー』『クリフハンガー』など、鍛え上げた肉体を活かした作品に次々と出演し、アメリカを代表するアクション俳優となった。

MY SWITCH NOTE

スイッチNo.

DATE: . .

memo

88 Switch

MY SWITCH NOTE

「ライフスタイルは、人それぞれ」…でいいならば、
家族のスタイルも、幸せのカタチも、
人それぞれでいい。

SWITCH:37

50歳を越えて、日々ショーパブで働く、海坊主のような風貌のオネェ系ダンサー、つまりゲイダンサーがいる。ハムナプトラ田中さんだ。

彼（彼女？）には、妻がいて、愛する6人の子どもがいる。

奥さんが、ショーパブで田中さんを見たのは彼が33歳のときだった。
「顔がタイプで結婚を決めたが、営業的にオカマをしているだけで、本当に男が好きだとは思わなかった」という。

そして2人は結婚し、男の子2人、女の子4人の子宝に恵まれた。

子どもたちは、皆、父親はオネェ系だが、彼のことが大好きで、誇りに想っている。
しっかりと幸せな家族が築かれているのだ。

彼らは、家族のカタチという常識には縛られていない。
家族のカタチなんて、人の数だけあるのだ。

選択肢は、今見えているものだけではない。

まだ存在していないだけかもしれない。

SWITCH:38

2010年に需要のある仕事のトップ10は、
2004年にはまだ存在していなかったと言われている。

2011年度にアメリカの小学校に入学した子どもたちの65%は、
大学卒業時に今は存在していない職業に就くだろう、という予測もある。

今ある仕事だけが、すべてではない。
きっと10年後には、今はまだ存在しない新しい仕事が溢れている。

既成概念にとらわれていないか？
一体、誰がそう決めたのか？

世の中の既成概念は、
誰かが決めた“とりあえず”のルールでしかない。

型にはまることなかれ。
革新はいつも、そこから始まる。

SWITCH:39

アメリカの音楽家でキノコ研究家でもあったジョン・ケージが生み出した作品で、『Organ2/ASLSP(As SLow aS Possible=できるだけゆっくりと)』という面白い曲がある。

この曲の長さは、なんと639年!
現在、ドイツのブキャルディ廃教会にて、電気と機械仕掛けで演奏中なのだ。2001年9月5日から演奏が開始され、2640年に終了予定となっている。
さらに面白いのが、この曲の最初1年半は「まったくの無音パート」であるということ。2003年2月2日に最初のコードが鳴らされたらしい。

ちなみに、この曲を作ったケージの作品で、最も有名なものは『4分33秒』という曲。
演奏時間である4分33秒の間、演奏者がまったく楽器を弾かないという完全無音の音楽だ。
他にも『HPSCHD』という作品があるのだが、この曲の演奏時間は「最低20分から無限大」となっていて、これこそが世界最長の音楽だとも言われている。

彼の「なんでもあり」の理論や表現は、音楽の定義を完全に壊している。

既成概念という枠を取っ払えば、可能性は無限だ。

どんなに科学が発達しても…
どんなに文明が進化しても…
まだ解決していない不思議なことが、
身の回りには溢れている。

SWITCH:40

空高くにある月よりも、地平線や水平線近くにある月の方が大きく見える。
しかし、実際は同じ大きさだ。

月の大きさ（直径約3,500km）が変わったりするわけではなく、地球と月の距離（約38万km）もほぼ一定で、近くなったり遠くなったりするわけではない。
実際、腕を伸ばして5円玉を持ち、穴の大きさと月の大きさを比べてみれば、同じ大きさであることが確認できる。
それなのに　なぜか違って見える。

これを、ムーン・イリュージョン＝月の錯視という。

なぜ、違った大きさに見えるのか？
理由は未だに様々な仮説があり、議論の決着はついていない。

月の錯視。
2,300年以上前から呼ばれている現象だが、今でも研究が続けられている。

これだけ科学が進歩した現代でも、未解決の不思議がまだまだたくさんある。
僕らの生きるこの世界には、未知なる可能性が溢れているのだ。

まず疑い、
次に探求し、
それから発見する。

ヘンリー・バックル（イギリスの歴史学者）

MY SWITCH NOTE

スイッチNo.

DATE: . .

. .

memo

88 Switch

MY SWITCH NOTE

年収や安定をとるか。
心に描いてきた夢とライフスタイルをとるか。

ノイズを捨て去り、大切なものだけを残す。
それが自由への入り口。

SWITCH:41

音楽プロデューサーとしてミリオンセラーを7回たたき出し、CDの総売上は2,000万枚超。平井堅、CHEMISTRY、絢香、Superfly…数々のアーティストをプロデュースした四角大輔《よすみだいすけ》さん。

2009年の女性アルバムランキング1位が絢香、2位がSuperfly。
どちらも彼が仕掛けたものだ。
しかし彼は、その絶頂のタイミングで大手レコード会社を辞めた。
そして妻と共に、ニュージーランドへ移住。
音楽業界から完全に離れ、愛する自然の中でナチュラルライフを始めた。

誰もが驚く人生の選択だが、彼はそこで生活するために10年以上準備してきたという。

大好きな釣りをきわめるために、湖のほとりで生活する ――――
子どもの頃から、心に描いていた夢だった。

その夢を手に入れるために、仕事で給料が上がっても、彼は生活水準を上げないどころか、むしろ下げたことさえあった。
お墓が敷地内にある築40年の部屋に住みながら、職場には水筒と弁当を持参し出費を徹底的に抑えた。周りがどんどん高級外車を乗り回す中、ボロボロのワンボックスカーに雨漏りするまで13年間乗り続けた。

夢へのアンテナを張り巡らし、超ニュージーランドマニアと化した。
書店で見かける「ニュージーランド」という文字が入った本や雑誌はすべて購入、映画、TV番組、音楽も全てチェックしていた、というほどだ。

すべてはニュージーランドに移住するため。
夢のためにすべてを費やし、コツコツと準備を続け、遂に機が熟した。

そして、音楽プロデューサーとして最高に脂の乗ったタイミングで、なんの躊躇もなく、15年勤めた会社を辞め、すべてを捨てた。
住む家も決めずに、夢の地へと移住した。

彼は今、ニュージーランドの湖畔の森に住み、釣りや登山を楽しみながら、ニュージーランドと日本を、季節ごとに行き来している。

仕事は完全フリーランス。大好きなアウトドアスタイルを活かし、フィッシング、登山、アウトドア雑誌で執筆し、達人として表紙に何度も登場したり。そして、企業のアドバイザー、商品開発やトークライブ、大学講師を行ったりもしている。

「年収は減ったけれど、充実感はサラリーマンのときの何倍もある」と彼は言う。

会社を辞めて、安定感のなくなった今、不安はないの？
そんな質問に、彼は笑顔で答えた。

「いざとなったら、ニュージーランドで半自給自足生活をすれば、1年間150万円ほどで、夫婦で生活できるから。どうにでもなるよ」

彼は大切なものだけを残し、人生のノイズを捨てることで、
自分なりの自由を手に入れたのだ。

＊

今後の自分にプラスにならないと思ったものは、潔く捨てればいい。
捨てれば捨てるほど、視界と思考からノイズが取り除かれ、
本当にやりたいことが明らかになるからだ。
『自由であり続けるために20代で捨てるべき50のこと』四角大輔（サンクチュアリ出版）

MY SWITCH NOTE

スイッチNo.

DATE: . .

memo

88 Switch

MY SWITCH NOTE

今の仕事は自分に向いているか？
今の環境は自分に適しているか？

たとえ向いていなくても、
何とかするやり方はあるかもしれない。

SWITCH:42

26歳のとき、ヨット「スピリット オブ ユーコー号」に乗って 176日かけて、世界最年少単独無寄港世界一周を達成、2008年には、サンフランシスコ〜横浜の単独太平洋横断世界最速記録を樹立した海洋冒険家の白石康次郎《しらいしこうじろう》さん。

世界の海に挑み続ける彼の驚くべき悩みは、なんと船酔い。
航海に出て数日間は、船酔いで死ぬような思いをしているそうだ。

そんな悩みを解消するために、彼が考えた方法は、「大量のオレンジジュースを飲む」ということ。オレンジジュースの味は、吐いたときに最も心地良いから。長い航海では、嫌なことをいかに楽しめるかが大切なのだ、という。

彼はこんなことも言っている。
「僕はヨットに向いていない。“好きなこと”と“向いていること”は違うんです」

できないと諦める前に、
違う方法を試してみないか？

SWITCH:43

「バスガス爆発」だと言いにくいが、
「バスが酢爆発」と変換すると言いやすい。

人間は視点を少し変えるだけで、
不可能だったものが、簡単に可能に変わる。

マイナスな環境が、新しい仕組みを生み出すこともある。

SWITCH:44

世界規模のフライドチキンチェーン店「ケンタッキー・フライド・チキン（KFC）」。創業者は言わずと知れた、メガネのおじさん、カーネル・サンダース。

彼はもともと、タイヤのセールスマンだった。
40歳で脱サラし、ガソリンスタンドの経営を始めた。
そこに立ち寄るドライバーたちが休む場所として小さなカフェを作り、そのメニューにケンタッキー州の名物料理のフライドチキンを出したのが、ケンタッキーフライドチキンの始まりだ。

このフライドチキンが、ドライバーたちの間で美味しいと話題になり繁盛していたが、店の前でハイウェイの建設が始まり、経営は悪化し、遂には閉店。無一文になってしまった。

しかし、以前に交わしていたある約束が彼を救った。客のひとりだった、レストランの経営者ピート・ハーマンが、フライドチキンの味に感動して「作り方を教えてほしい」と懇願し、サンダースが作り方を教えた。その代わり、「チキン1ピース売れるごとに、4セントを支払う」という約束を交わしていたのだ。そのおかげで、閉店してからもハーマンからお金が送られてきていた。

「よし、このスタイルで、いろいろなレストランで売ってもらおう」と考えたサンダースは、なんと65歳のときに、ケンタッキー・フライドチキンコーポレーションを設立。
そして、5年で200店舗、7年で600店舗、90歳で世を去るまでに世界48カ国、6,000店舗まで広げた。
この仕組みが、今では当たり前になっている「フランチャイズビジネス」の始まりだったと言われている。

経営悪化、閉店、無一文…
それらのマイナス環境が、新しい仕組みを生み出した。

「天職」というものは、
若いときに見つかるとは限らない。
何歳になっても、
「天職」に出逢える可能性はある。

SWITCH:45

昭和の大作家・松本清張《まつもとせいちょう》さん。
彼の生み出した作品は1,000を超える。
想像もつかないほどの作品数だが、なんと、彼の作家デビューは42歳というから驚きだ。

家が貧しかったために、小学校卒業後から仕事を始め、電気会社や印刷所、新聞社などで働いていた。
もともと作家志望ではなかった彼は、仕事をしながら小説を書き、1951年、41歳のときに処女作『西郷札』を『週刊朝日』の「百万人の小説」に応募。見事に三等入選となり、この作品が翌年の直木賞候補に選出され、作家デビューへと繋がった。42歳のときだった。

2作目の『或る「小倉日記」伝』が、芥川賞を受賞したのが、その3年後の44歳のとき。この時点では、まだ新聞社での仕事を続けており、東京本社への転勤を機に上京したという。
そして、翌年45歳になる年に、家族を東京に呼び寄せ、仕事を辞めて本格的な作家生活に入ったのは、その2年後の47歳のときだった。

学歴は小学校卒業だけ。家柄も地位も何もない中年作家として、遅咲きデビューした彼は、作家デビューから、一生を終える82歳までの40年間、驚異的な勢いで書き続け、1,000を超える作品を世に送り出したのだ。

「時間がなくて、できません…」
「急に言われても、無理です…」

そんなのは、ただの言い訳でしかない。

SWITCH:46

ウォルト・ディズニーが生み出した、夢と魔法の国「ディズニーランド」。
ディズニーランドへの一歩が刻まれたのは1953年。
このときのある出来事は、伝説として語り継がれている。

ウォルトの頭の中には、既にディズニーランドの構想が出来上がっていた。それを形にするためには、莫大な建築のための融資が必要だった。しかし、ウォルトが語るプレゼンは、壮大すぎる夢のような話で説得力がなく、うまく融資を得ることができなかった。そんな中、兄のロイ・ディズニーが、プレゼンのために、NYへ飛ぶこととなった。
土壇場で、「頭の中に存在するディズニーランドを、完成予想図として絵にしよう」と、ウォルトは考え、すぐに、自宅に仲間のイラストレーター、ハーブ・ライマンを呼び出した。
「遊園地を造ることにした。明後日、ロイが建設の融資を得るために、NYにプレゼンをしに行く。それまでに完成予想図の絵が必要なんだ。すぐに描いてくれ」

出発は月曜日。土曜日の朝から、完成予想図作りは始まった。
机に向かうハーブの横で、夢を語り続けるウォルト。ふたりは、丸2日間、一睡もせずに、ウォルトの頭の中にあった遊園地「ディズニーランド」を、ひたすら絵にしていった。

月曜日。ロイはハーブの描き上げた完成予想図を持って、NYへ。
そして見事、ABC(米放送ネットワーク)から融資を受けることが決定した。
それから2年後。ウォルトが54歳のとき、ディズニーランドは開園した。わずか48時間の奇跡によって、夢と魔法の国は誕生したのだ。

志があれば、48時間で、どんな企画書も作れる。
志がなければ、永遠の時間があったとしても、何も作れない。

自分以外の誰かのために…。

そう差し伸べた手が、幸運を掴む。

SWITCH:47

バリ島在住の日本人で、兄貴と呼ばれる男がいる。

彼は、現地の関連会社を29社所有していて、現地の従業員は5,300人超、自宅はなんと25軒、さらに東京ドーム170個分の土地（800ヘクタール）を所有している世界レベルのウルトラ大富豪だ。
その資産は…ありすぎて試算できないレベル、だそうだ。

本名、丸尾孝俊《まるおたかとし》さん。
通称、「兄貴（アニキ）」と呼ばれている。

大阪で生まれた兄貴は、3歳のときに母親が家を出て行き、父親と2人きりとなった。
食べるものにも困るほどの極貧時代を経て、中学卒業後に、看板屋に住み込みの「丁稚（でっち）」として就職する。その後、運送会社で働いたり、吉本興業直営のディスコで働いたりして、20代後半に、なんのあてもなくバリ島へ飛んだ。

バリ島に渡った兄貴は、毎晩どんちゃん騒ぎをしながら、地元の人たちにおごりまくっていたら、お金持ちと勘違いされ、次から次へと地元民がお金を借りにきた。

彼はためらわず、お金を貸し続けた。その数、数十人。
そして気付けば、自分がほぼ無一文になっていた。

お金を貸していた人の中の1人が、「お金を返すことができないので、私の持っている土地でお返ししたい」と、荒れ果てて使い物にもならない土地をくれた。
彼はその土地に、自分の電話番号を書いた看板を立てておいた。

数年後。
彼の手元には18万円しか残っておらず、日本に帰るか、それとも、バリでビジネスをやるか悩んでいた。

すると奇跡が起きた。
あの看板を立てていた荒れ果てた土地が大化けし、なんと3億円で売れたのだ。

そして、そのお金でさらに土地を購入し、また価値が上がった頃に売却。またさらに土地を買っては売却…を繰り返し、「不動産デベロッパー」として大成功していったのだ。

現在、大富豪として悠々自適に過ごしているだけではなく、地元の人々に、学校・病院・サッカー場などを寄付したり、アスファルトの舗装、伝統芸能の楽団を維持・運営するための資金を援助したり、52人の孤児の里親（経済的なすべての援助をする）になったり…
今でも変わらず、困っている人には惜しみなく手を差し伸べている。

現地の人からは「アニキ、マルさん、ボス」などと呼ばれ、「村長さんよりも偉いくらいだ」と慕われているそうだ。

彼の本にはこんな言葉があった。

『人のためにお金を使い続ける』ことをやり続けるべきなんやな。
そしたらな、必ず『自分が豊かになる』から。
『大富豪アニキの教え』兄貴／丸尾孝俊（ダイヤモンド社）

彼の人生大逆転ストーリーは、まさに、『人のためにお金を使い続ける』ことから、始まっていた。

MY SWITCH NOTE

スイッチNo.

DATE: . .

memo

88 Switch

MY SWITCH NOTE

時には常識や知識から開放され、
思いつきというものを
大切にしてみてはどうだろうか。

松下幸之助（松下電器産業創業者）

MY SWITCH NOTE

スイッチNo.

DATE: . .

memo

88 Switch

MY SWITCH NOTE

人生の残り時間について、考えたことがありますか？

死を想うこと。

そうすれば、今やるべきことが見えてくる。
そして、生はもっと輝きはじめる。

SWITCH:48

厚生労働省の平成23年人口動態統計によると、
日本では25秒間に1人が亡くなっている。
つまり、この本を読んでいる1時間の間にも、144人が亡くなっている計算になる。

僕たちの人生は、永遠には続かない。
もしかしたら、今日が最期の日かもしれない。

*

「なぜ、成功する人としない人がいるのか?」
「成功する人は努力する。成功しない人は努力しない。その差である」
「なぜ、努力する人と努力しない人がいるのか?」
「努力する人には志がある。しない人には志がない。その差である」
「なぜ、志のある人と志のない人がいるのか?」
「志のある人は、人間は必ず死ぬということを知っている。志のない人は、人間が必ず死ぬということを本当の意味で知らない。その差である」

〜道元禅師(曹洞宗を開いた禅僧)〜

苦手なこと。嫌いなこと。大変なこと。

「難しい！ 不可能！」

と感じれば感じるほど、
勝手にそのハードルは高くなり、
自動的にますます難しいもの、絶対不可能なことになっていく。

SWITCH:49

ネットショッピングをはじめとしたインターネット総合サービスを提供している楽天株式会社の三木谷浩史《みきたにひろし》社長が、ある日、衝撃の発表を行った。
「楽天は自社サービスを国際化するために、まず社内を国際化する。そして、全従業員の公用語を英語に切り替える」

もちろん社内は大混乱し、反対する者もたくさんいた。
しかし、この宣言から、楽天は変わっていった。社員にTOEIC受験を義務付けたり、英単語テストを実施したり、英語を学ぶクラスを無料で提供したり、従業員に勉強をする時間を与えたり…英語スキル向上に向けて様々な施策を行った。

そして2年が経った。結果…なんと、経営幹部全員がTOEIC800点超えを達成！ 社員全体の平均点も、この2年で526.2点から694.7点に跳ね上がった（ちなみに、普通の大学生の平均点が500点台前半くらい）。既に、社内会議の80%以上が英語で行われるようになっているという。
そして楽天は、全従業員の公用語が英語になった。

三木谷社長は、この英語公用語化への挑戦についての本を書いた。
タイトルは、『たかが英語！』。

たかが…と簡単に捉えることで、
不可能と思っていたことが、可能にチェンジする。

生きているうちに、評価される人もいる。
死んでから、評価される人もいる。

しかし、本物は、いつかは伝わる。

SWITCH:50

有名な「ひまわり」をはじめとする多くの油絵が高く評価され、美術界に大きな影響を及ぼした画家、フィンセント・ファン・ゴッホ。

彼の残した作品は、2,000点以上あると言われているが、これらは、本格的に絵を始めるようになった27歳から死を迎える37歳までの、わずか10年で描かれた物なのだ。

さらに、今でこそ、1枚の絵が120億円を超える価格で落札されたりする“超有名画家”として知られているが、生きている間に売れた絵は、なんとたったの1枚だけ。
しかも、その1枚も友人の妹が6,000円程度で買っただけだと言われている。

絵も売れず、生活が苦しかったゴッホは、精神的に不安定になり、残念ながら最期は自分で命を絶ってしまった。

「評価」というものは、いつ訪れるのかわからない。

チャンスは、一体、どこにあるのだろうか？

チャンスは、今、目の前にある。

SWITCH:51

スーパーモデル、ワリス・ディリー。
彼女は、世界で最も貧しい国のひとつと言われるソマリアの遊牧民の家庭に生まれた。姉がいたが、女子割礼のため亡くなり、弟は厳しい環境で餓死してしまった。

13歳のとき、父親の命令で、ラクダ5頭と交換で60代の老人と結婚させられそうになったが、その結婚が嫌だった彼女は、砂漠の中をひとりで逃げた。過酷な道のりの末、母の妹に奇跡的に会うことができ、その後、ロンドンで働き始めた。

メイドやカフェのアルバイトなどでなんとか生活費を稼いでいたが、ときには路上生活も経験するほど苦しい生活を送っていた。

そして、マクドナルドの店員として働いていたときに、奇跡が起きた。
イギリス人のトップフォトグラファーのテレンス・ドノヴァンにスカウトされ、モデルとしての新たな人生がスタートしたのだ。

ロンドンからニューヨークに移り、シャネルやリーバイス、ロレアルなどのブランドの広告やショーに出演。世界中の一流ファッション誌に軒並み登場し、名だたるスーパーモデルたちと共に、ミラノ、パリ、ロンドン、ニューヨークで舞台に立った。
そして、ドキュメンタリー番組も作られ、自伝も発表。自伝は世界中で出版され、1,100万部以上を売り上げる世界的なベストセラーとなった。

チャンスは、どんなタイミングで転がってくるかわからない。

こだわりは素晴らしい。

異常なまでのこだわりは、
ときに、芸術的に評価される。愛される。
こだわりにこだわれば、
それは才能と呼ばれる。

SWITCH:52

スティーヴン・スピルバーグ、ジョージ・ルーカス、マーティン・スコセッシ、フランシス・F・コッポラ…などなど、ハリウッドを代表する映画監督たちに、多大な影響を与えたと言われている日本映画界の巨匠、黒澤明《くろさわあきら》監督。
彼の妥協を許さない姿勢は「完全主義者」「天皇」と言われ、細部まで徹底してこだわり抜いていたスタイルは、伝説の域に達している。

彼は脚本作りの段階で、頭の中に綿密にシーンを描いていて、とにかく、イメージ通りになるまで、徹底的に作り込んだ。

例えば『天国と地獄』の電車が鉄橋を走るシーン。一瞬映り込む民家の屋根が邪魔だということで、「撮影後に直す」という約束のうえで、屋根部分を取り壊して撮影に臨んだ。
『七人の侍』では、台本に書き込んだイメージ「山つつじの花盛り」を作り上げるため、山からつつじを採ってきて、トラックで運んで1本ずつ植えた。しかもそれらは1日で枯れてしまうので、毎日トラックで運んだ。その量は、2週間で4トントラック15台分もあったと言われている。
『デルス・ウザーラ』の虎が登場するシーンでは、サーカスから虎を借りてきたのだが、「この虎は目が死んでいるから、野生の虎を捕まえてきて」と言い放った。そして実際、虎の表情が映るアップのシーンでは、野生の虎を使って撮影が行われた。
他にも、「引き出しの中を撮影するシーンはないのに、セットの中にあるタンスの引き出しすべてに、登場人物やその時代の暮らしをイメージする衣類などを入れていた」「音が入ってしまうからという理由で、新幹線を20分停めさせた」というエピソードもある。

一見、無駄とも思われる、妥協のない異常なまでのこだわりが、彼の作品に魂を吹き込んでいたのだ。

道は1本だけとは限らない。

落ち込んでいる暇があったら、別の道を探そう。

SWITCH:53

プロデューサーの秋元康《あきもとやすし》さんが、自身のGoogle＋でこんなコメントを発表していた。

昔、あるオーディションにめちゃくちゃ歌が巧いコがやって来ました。声が魅力的で歌心を持っていました。最後まで迷いましたが、僕は彼女を不合格にしました。正直、僕の手には負えないと思ったのです。これだけの歌唱力を生かす自信がなかったのです。
それから、彼女はミスチルのプロデューサー小林武史さんと出会ってデビューしました。
Salyuです。彼女は僕のプロデュースでは売れなかったでしょう。
小林武史さんが手掛けたから売れたと思っています。

1回の落選で、すべてが決まるわけではない。
その1回の落選や失敗は、「こっちの方向ではない」ということが1回わかっただけ。
道はいくつも残っている。

僕たちに見えているこの世界。

言葉があるから見えているのか。
見えているから言葉があるのか。

SWITCH:54

エスキモーには、「雪」を表現する言葉が数十種類あると言われている。常に雪に囲まれている彼らには、生活上必要だからだ。

言葉が数十種類あるということは、
それだけの種類に分かれて見えているということ。

日本に住む僕たちには、見分けることはできない。

*

フランス語では「蝶」も「蛾」もパピヨンと呼ばれ、区別されていない。
つまり、彼らには同じものとして見えているということ。

日本語で話す僕たちは、
蝶を可愛くきれいな生き物としてとらえ、
蛾を気持ち悪く嫌いな生き物としてとらえている。

言葉が違うだけで、見えるものも感じるものも違ってくるのだ。

可能性がゼロじゃないなら、やってみる。
やれることが少しでもあるなら、前に進む。

そうすれば、扉が突然開くことがある。

SWITCH:55

参議院議員の松田公太《まつだこうた》さん。
彼は政治家になる前に、タリーズコーヒージャパンを創業し、10年で約320店まで拡大させていた。

1995年、当時銀行員だった彼は、友人の結婚式に出席するためにボストンを訪れた。
そこで、現地で人気があった一杯のスペシャルティコーヒーを飲んだ。
その頃、アメリカのコーヒーは1ドルくらいが相場だったが、そのコーヒーは3倍くらいの値段。それなのに、店に行列ができるほどの人気だった。

別にそんなにコーヒーが好きだったわけではなかったが、興味で飲んでみた。
「おいしい！」
コーヒーを飲んでおいしいと感じたのは、はじめてだった。

おいしいコーヒーであれば、お金を出す人がアメリカにはいる。
だったら、きっと日本でも…。そんな直感が働いた。

帰国して4ヶ月後、今度は、スペシャルティコーヒー発祥の地シアトルへと飛んだ。
そこで、2日間で約50店舗、とにかくコーヒーを飲み歩いた。
そのときに一番おいしいと感じたのが、タリーズコーヒーだった。

そして、「タリーズコーヒーの販売権を得ることはできないか」と、ダメモトでタリーズ社に直接電話をかけてみたが、もちろん、創業者とは会うことはできなかった。

帰国してからも、仕事が終わって帰宅したあと、タリーズ社宛にメールを送り続けた。
自己紹介から、リサーチした日本のコーヒー業界について、自分が販売権を持った場合の計画など、諦めずに熱意と共に送り続けた。

そして、まったくタリーズとの交渉は進んでいなかったが、彼は勤めていた銀行を退職した。
そうして退路を断った上で、シアトルのタリーズ本社へ、アポなしで会長（創業者）を突撃訪問して直接交渉し、ついに日本での販売権をつかみ取ったのだ。

開業資金として7,000万円もの借金をして、1997年、28歳のときに銀座1号店をオープン。
自ら店に寝袋を持ち込み、泊まり込みながら1日20時間働いて、軌道に乗せた。

翌年、タリーズコーヒージャパン株式会社を設立し代表取締役社長に就任。
それから3年後の2001年、ナスダック・ジャパン（現・ヘラクレス）に株式を上場し、一気に拡大させ、金なし・コネなしから、約10年で300店舗を超えるコーヒーチェーン店網を築き上げた。

たった一杯のコーヒーによる衝撃と、とにかく前に突き進もうとする力が、大きな成功を引き寄せたのだ。

MY SWITCH NOTE

スイッチNo.

DATE: . .

memo

88 Switch

MY SWITCH NOTE

常識⇆非常識

今、僕たちが必死に守っている常識も、
未来では、非常識になっているかもしれない。

SWITCH:56

現在アメリカでは、結婚したカップルの6組に1組以上が、インターネット上で出逢っていると言われている。
ちょっと前の常識では、絶対に考えられない事実だ。

こんな例もある。

昔=「日光を浴びて、まっ黒に日焼けしておけば風邪をひかない」
今=「日焼けは、シミ、ソバカス、皮膚癌の原因になるからNG」

昔=「お風呂に肩まで浸かってしっかり温まるのが良い」
今=「肩まで浸かると心臓に負担がかかるから、半身浴がオススメ」

昔=「足腰を鍛えるためにウサギ跳びを!」
今=「ウサギ跳びは膝を痛めるからダメ!」

どれもが、今では考えられない“過去の常識”だ。

一昔前の常識は、もはや非常識になっている。
今の僕たちの常識は、いつまで常識なんだろうか。

ある日の真実が、
永遠の真実ではない。

チェ・ゲバラ

The truth of one day
is not always
the everlasting truth.

CHE GUEVARA

MY SWITCH NOTE

スイッチNo.

DATE: . .

memo

88 Switch

MY SWITCH NOTE

子どもだからこそ、わかることがある。
見える世界がある。

子どもの心が、新しい扉を開く。

SWITCH:57

かつて、佐川幸義《さがわゆきよし》さんという伝説の武道家がいた。

大東流合気柔術の達人で、年をとり、ジュースのビンのふたも開けられないほど衰えていても、道場では、極真空手や少林寺拳法の高段者を平気で軽々と投げ飛ばしていた。

彼は、皮膚や細胞といった外側の力は、どんどん弱まっていくが、内側の透明な力は、永遠に鍛えていくことができると考えていた。
そして、その極意は、子どもであれば簡単にマスターできると語っていた。

「大人は皆、押戸を引いて開けようとするから、開かない。
まるで、引けばいい扉を、必死で押しているようなものだ」

子どもの心でいられれば、扉は簡単に開くのかもしれない。

誰もが昔は子どもだった。
今でも、子どもの心は思い出せるはず。
かつて持っていたものなんだから。

大人になって、子どもの心をなくしたのではない。
きっと、忘れているだけだ。

縛られていたものから解き放たれれば、

人はもっと自由になれる。

SWITCH:58

2011年から、オーストラリアのパスポートの性別欄が3つになった。
男性（M）と女性（F）の他に、第3の選択肢として「不確定（X）」が加えられた。

生まれもっての性と反対の性の心を持つトランスジェンダーの人たちは、医師の同意書と共に申請すれば、パスポートの性別を自分が望む性に変更できるようになったのだ。

性は、生まれたときから決まっている…
そんな常識すら、もはや変わりつつある。

思い込みは、ときに現実を超える。

SWITCH:59

ある実験の話。

まず被験者に、暖炉に入れて熱した鉄の棒を見せる。
そして「この熱く焼けた棒を、これからあなたの腕に押し付けます」と言ってから、被験者に目隠しをする。
それから、熱していない普通の鉄の棒を取り出して、被験者の腕に当てると、本当は熱くないはずなのに、腕に火傷跡のようなミミズ腫れができたらしい。

「火傷した」という強い思い込みで、体が防衛反応をおこした結果だ。

＊

他にもこんな実験の話がある。

被験者に目隠しをして、ベッドの上に縛りつけ、「血液の1/3を失ったら人間は死ぬでしょう」と言って、「実験を始めます」と足の指に傷をつけた。
そして、本当は出血していないのに、まるで血が滴っているかのように、ポタポタと落ちる水滴の音を聞かせた。

数時間が過ぎた頃、彼の周りで次のような会話をした。
「どれぐらい出血しましたか?」
「もうすぐ1/3になります」

それを聞いた被験者は、そのまま息を引き取ったという。

＊

思い込みの力を舐めてはいけない。

家事なんて…所詮、ビジネスに比べて価値がない。
育児なんて… 結局、仕事に比べて大したものじゃない。

その考えは、間違っているかもよ？

SWITCH:60

アメリカのsalary.comによって、主婦の家事・育児労働が年収に換算されて発表された。

カナダの主婦18,000人に、家事や育児における一般的な主婦の労働についてリストアップを依頼し、そのリストの上位10個を「主婦の主な仕事」として調査したそうだ。

家政婦、保育士、コック、洗濯機のオペレーター、コンピューターのオペレーター、心理学者、設備員、車の運転手、最高業務執行者、用務員。

上記の10の仕事を元に、主婦の仕事をこなすのにそれぞれどれくらいの時間がかかるか、それを外注したら費用はいくらかかるかなどを換算基準にし、年収を算出した。

結果…
主婦の年間給与額は、残業代込みで、なんと約1,280万円！
時給換算すると約2,630円になった。

ちなみに、国税庁の民間給与実態統計調査（平成22年）によると、サラリーマンの平均年収は412万円と発表されている。
主婦の給与額の1/3にも満たないのだ。

諦めない心があれば、
どん底からでも大逆転できる。

SWITCH:61

生活雑貨、輸入雑貨、家電などを扱うリサイクルショップグループを統括し、年商100億を超える「生活創庫」社長・堀之内九一郎《ほりのうちきゅういちろう》さん。彼は36歳のときに夜逃げし、ホームレス生活をしていた過去を持っている。

家業は製油業で、比較的裕福な家庭で育った。
高校卒業後は、集団就職で大阪に。
しかし、まもなく父が他界し、家業を引き継ぐことになった。
その後、母、祖父、祖母も亡くなってしまい、自分ひとりで事業を続けることになり、ここから転落の人生が始まっていった。

「人生は思ったとおりにいかない。だったら適当にやるか」
自分を見失った彼は浪費に走り、遺産を切り売りする日々が続いた。
そして、ついに会社は倒産してしまう。
倒産後、機械修理、学習用品販売、婦人服製造販売、電気店経営、トラック運転手、溶接工、自動車セールス、守衛など、40種類以上の職を転々とするが、ことごとく失敗。

1億円もの借金を抱えてしまい、追いつめられた彼は、家族と別れ、夜逃げするように地元を出た。
そして、健康食品の製造販売を友人と始めるために、東京を目指した。
しかし、途中の浜松で残りの資金30万円も底をつき無一文となり、ホームレスとなってしまった。
36歳。どん底まで落ちてしまった。

ホームレスになってからは、毎日ゴミ拾いをしながら、なんとか飢えをしのぐ日々。
しかし、彼にはまだ夢があった。
お金はないが、また新たな分野で起業することを夢見ていたのだ。

そんなある日。
寒さをしのぐため、拾ってきた石油ストーブを修理した。
ストーブは簡単に直り、ゴミだった物が、再び価値を取り戻したのだ。
またストーブを拾って修理し、今度は中古屋に持っていってみたら、それを買い取ってくれて、お金が生まれた。
「ゴミが、金になる！」

この気付きがきっかけで、リサイクルという仕事に興味を持ち、ついには、自分でリサイクル店を開業した。
わずか15坪の小さな店だったが、最初の月に約40万円を売上げた。

そこからは倍々ゲームのように売上げが伸びていき、1992年に株式会社に組織変更。
日本初のリサイクルショップフランチャイズシステムを構築し、現在は全国に店舗を展開し、年商100億以上を稼ぐまでのぼりつめた。

失敗だらけの人生だとしても、絶対に諦めないこと。
そうすれば、きっと、どん底からでも大逆転できる。

MY SWITCH NOTE

スイッチNo.

DATE: . .

memo

88 Switch

MY SWITCH NOTE

お金がないし…。無名だし…。

そんなことは、できない理由にはならない。

SWITCH:62

世界各国の映画祭で多数の栄冠を受賞した映画『ターネーション』。
監督・編集・主演を務めたのは、ジョナサン・カウエット。
ゲイである自分のプライベートに、かつてはモデルとして美しさを誇った母が精神病に苦しむ現状、家を捨てた父、幼い頃に受けた虐待の記憶、アメリカの家族のあり方などを、自分が生まれる前からの映像も交えながら追っていく自伝的ドキュメンタリー作品だ。

なんとこの映画、監督であるジョナサンが11歳の頃から撮りためていた膨大な写真や映像を、アップルの「iLife」に入っていたビデオ編集ソフト「iMovie」を使って、製作費わずか218ドル（約2万円）という超低予算で編集して創り上げたものなのだ。

ジョナサンは、当時はまったくの無名。『ヘドウィグ・アンド・アングリーインチ』のジョン・キャメロン・ミッチェルのオーディション用に送ったビデオから、ミッチェルとガス・ヴァン・サントに才能と作品力を見出されて、映画化に至ったという。

＊

『パラノーマル・アクティビティ』も、監督やキャストはほとんどが無名の自主制作映画だ。
しかも撮影はたった1週間、編集はパソコンで、製作費1万5,000ドル（約135万円）という超低予算で創られている。

アメリカでは限定12館のレイトショー公開でスタートし、そこから口コミで広がり、公開規模がどんどん拡大し、1,945館で上映された。
日本でも公開されたこの映画は、興行収入150億円を超えた。

＊

お金がなくても、無名でも、大ヒットは生み出せる。

アホでいい。無茶苦茶でいい。適当でいい。

アホだからこそ、
既成の概念や常識はぶっ壊せる。

SWITCH:63

「天国を創る男」てんつくマン。
NPO法人MAKE THE HEAVENの理事長である彼は、「笑い楽しみながら、世の中に笑顔と元気を増やそう」と、様々なアプローチの仕方で、海外支援や環境問題などに取り組んでいる。そのアプローチ方法のひとつとして「映画」という形があり、映画監督という顔も持っている。

てんつくマンは、元々は吉本興業のお笑い芸人だった。
名前は軌保博光《のりやすひろみつ》。
山崎邦正とコンビ「TEAM 0」を結成し、『ダウンタウンのガキの使いやあらへんで!!』などにも出演していたが、映画監督になるという夢を叶えるために、吉本興業を退社して、芸人を辞めた。
そして、まったく経験もないまま、映画の世界に飛び込んだ。

…と言っても、映画監督を夢見たきっかけは、ある意味ハプニングだった。
芸人時代に最優秀新人賞を受賞したとき、インタビュアーに「夢は何ですか?」と聞かれ、特に夢がなかった彼は、とっさに「映画監督です」と適当に答えた。
その後も「夢は映画監督」と言い続けて、嘘がバレないように映画をたくさん観ているうちに映画の面白さにハマってしまい、本当の夢になってしまったという。

芸人を辞めた彼は、映画製作チームを結成。
映画『107+1 ～天国はつくるもの～』の企画を立ち上げ、映画監督という夢に向かって走り始めた。

そして、映画の資金集め＆宣伝のために、驚きの行動に出る。
なんと、1ヶ月連続で、毎日フルマラソンをしながら、映画のチラシを配ったのだ。

42.195km×31日。絶対に無理と言われたチャレンジだったが、見事完走！

しかし資金はほとんど集まらず、全額借金で映画の撮影を決行しようとするが、撮影2日前に準備不足と判断し、延期を決断した。

この撮影延期の決断により、いろいろな人の信用を失い、資金もなく、ビジョンも見失ってしまった。
それでも彼は、再度スタートラインに立った。

次にどう進むべきか、試行錯誤していたある日、お世話になっている人に誘われて、合コンへと繰り出した。
息抜きも大事、と羽根を伸ばし、ワインを飲みながら喋りまくり、そこに来ていたスチュワーデスたちを笑わせていた。
するとひとりのスチュワーデスが、彼の汚いジーパン姿を見てこう言った。
「軌保君にスーツを買ってあげたい」

その彼女と電話番号を交換し、翌日、ワクワクしながら電話をかけた。
しかし彼女のテンションは低く、1分もしないうちに電話は切れた。

そのとき、彼の頭に言葉が浮かんだ。
「あれは、ワインのせい?」

部屋にあった墨汁と筆で、コピー用紙の裏に「あれは、ワインのせい?」と書いてみた。

その下手くそな字を見て、仲間が大爆笑している。
それをきっかけに、頭に浮かんだ言葉を次々と書いていった。
気付けば72もの言葉を書いていた。

「これ、本にしたら売れるんじゃないか？」
そう考えた彼は、まずは一般人の反応を見てみようと、路上に座り、頭に浮かんだ言葉を筆と墨で書き始めた。

この「あなたを見てインスピレーションで言葉を書きます」という筆文字パフォーマンスが、多くのメディアでも取り上げられ評判に。
こうして、路上詩人・軌保博光が生まれた。

その後、彼の筆文字の作品を集めた本がいくつも発売され、筆文字パフォーマンスは大人気となり、映画の資金は少しずつ貯まっていった。

そして2002年、映画製作費6,000万円という目標を達成し、翌年、7年半追いかけてきた夢の映画『107+1 〜天国はつくるもの〜』を遂に完成させた。

完成した映画は、自主上映という上映主催者を募るスタイルで公開され、全国各地でロングラン上映を続け、現在までに観客動員数は10万人を超えている。
がむしゃらで無茶苦茶な方法で、夢を現実のものにしたのだ。

彼の著書のタイトルにもなっている『天まで届くアホになれ』という言葉がある。
まさにその通り。
彼は、天まで届くアホなのだ。

しかしそのアホパワーが、既成の概念や常識を打ち破り、不可能を可能にし、いくつもの夢を実現させている。

*

彼の現在の名前は「てんつくマン」、天国を創る男だ。
2002年11月、坂本竜馬の誕生日であり命日でもある15日に、本名である軌保博光を封印し、自分の想いをこめた名前「てんつくマン」に生まれ変わったのだ。

これからもきっと、笑い楽しみながら、笑顔と元気でいっぱいの天国を創るために、がむしゃらに走り続けていくだろう。

人生における最大の喜びは、
「あなたには不可能だ」と言われたことを
実現することだ。

ウォルター・バジョット（経済学者・政治評論家）

MY SWITCH NOTE

スイッチNo.

DATE: . .

memo

88 Switch

MY SWITCH NOTE

新しい言葉が、新しい概念を作り出し、

新しい日々を生み出す。

SWITCH:64

夏目漱石《なつめそうせき》の小説『門』に以下のような一節がある。

指で圧《お》して見ると、頸《くび》と肩の継目の少し脊中へ寄った局部が、石の様に凝《こ》っていた。御米は男の力一杯にそれを抑えてくれと頼んだ。宗助の額からは汗が煮染《にじ》み出した。それでも御米の満足する程は力が出なかった。

これが初めて「肩が凝る」という表現が使われたものと言われている。
つまり「肩が凝る」という言葉は、夏目漱石が造ったのだ。

ここから、日本人の「肩凝り」という概念が生まれ、肩の筋肉が固くなる症状＝肩凝りを自覚するようになったと言われている。

英語やその他の言語には「肩凝り」という言葉はない。
だからなのか、欧米人などは、日本人ほど肩凝りに悩んでいない。
言葉や概念が生まれるだけで、体や痛みまで変わってしまうのだ。

だとしたら。
普段使っている言葉を変えて、概念をスイッチさせるだけでも、僕たちの日々は、大きく変わっていくに違いない。

きっかけは大きなこととは限らない。

小さな火種が爆発を起こすこともある。

SWITCH:65

いくつもの大ヒット小説を生み出しているベストセラー作家の石田衣良《いしだいら》さん。

彼がまだコピーライターだった36歳のとき。たまたま開いた雑誌の星占いに書いてあった一言が、人生を変えた。

「自分の中のものを結晶化するといい」

この言葉を受けた彼は、「よし、小説を書いてみよう！」と小説家になることを決意した。
そして、コピーライターをやりながら書いた作品で、第36回オール讀物推理小説新人賞を受賞。
その作品が『池袋ウエストゲートパーク』だ。
のちに、TOKIOの長瀬智也主演でドラマ化され、大ブレイクした。

彼はその後、2003年に『4TEEN』を発表し、第129回直木賞を受賞。
日本を代表する小説家となった。

すべては、雑誌の小さな星占いのたった一言から。
一瞬のインスピレーションが、大きな一歩のきっかけとなったのだ。

「できそう！」
そう思った瞬間に、可能性が生まれている。

SWITCH:66

アプリ開発者のTehu(ハンドルネーム)さんが、最初にアプリを開発したのは、中学3年生のときだった。

その「健康計算機」というアプリは、80万ダウンロードを記録し、無料アプリランキング3位に輝き、月10万円の広告料を稼いだ。その稼ぎは全額寄付しているという。

彼がアプリ開発を始めたきっかけは、「シンガポールの9歳の少年がiPhone用お絵描きアプリを開発」というニュースだった。そのアプリは、2週間で4,000回以上ダウンロードされた。

Tehuさんは、当時はまだプログラムを知らなかったが、このニュースを見たとき、「自分にもできそうだ」と考えた。
そして、すぐにアプリ開発関連の書籍を買いあさり、独学でプログラミングの勉強をし、4ヶ月かけてマスターしたという。

どんなに若くても、未経験でも、カンケーない。
自分にもできると思えれば、それだけで可能性が生まれてくる。

フラれた相手へのただの未練。
それさえも、大きなきっかけになる。

SWITCH:67

エベレストの単独・無酸素登頂に挑む若き登山家、栗城史多《くりきのぶかず》さん。

20歳で登山を始め、わずか2年後には、北米最高峰のマッキンリー登頂を果たす。
その後、南米、ヨーロッパ、アフリカ、オセアニア、そして南極、それぞれの頂上を制覇。
今目指すのは、世界最高峰のエベレストだ。

しかも彼は、「単独・無酸素」で山にアタックしている。
さらに、登頂までの過程を自らビデオカメラで撮影、インターネット動画配信し、観ている人たちとの「冒険の共有」を目指している。

これまでの登山界にはない、この型破りなやり方が話題を呼び、今、最も注目されている若手冒険家だ。

そんな彼が山に登り始めたきっかけ。
それは「失恋」だった。

学生時代に付き合っていた彼女の趣味は、山登り。
冬山に登るほど好きだったそうだ。

その頃の彼は夢もなく、淡々と毎日を過ごしていた。
彼女の理想の男性の条件が「大卒、公務員、車所有」だったので、それを目指そうと思っていたという。

その彼女に、フラれた。
落ち込んでいた彼は、彼女が山に登っていたことをふと思い出し、「彼女の見ていた世界は、どんなだったんだろう」と気になった。

そこで大学の山岳部に入部し、登山を始めたという。
つまり、“ただの未練”から始まった冒険だったのだ。

それからわずか2年後。
登山のために初めて海外に渡り、マッキンリーに挑んだ。
経験が浅いのに、いきなり北米最高峰の山を目指す彼を、大学の山岳部の先輩たちは、「絶対に無理だから、やめておけ」と、止めた。

それで彼は山岳部をやめて、単独で行くことにした。
そして見事に登頂を果たし、「冒険の共有」という挑戦がスタートした。

今は、世界最高峰エベレストに挑んでいる。
もちろん、単独・無酸素で。
達成すれば、日本人初の快挙となる。

きっかけなんて、どんな小さくても、どんな内容でもいいのだ。

MY SWITCH NOTE

スイッチNo.

DATE: . .

memo

88 Switch

MY SWITCH NOTE

「本当にそうなんだろうか？」

ちょっとした猜疑心を持ち、自分なりに考えてみる。
そうすれば、新しい何かが見えてくるかもしれない。

SWITCH:68

聖徳太子は実在していない？
上杉謙信は女性だった？
松尾芭蕉は服部半蔵の偽名だった？
明智光秀と千利休は同一人物？
西郷隆盛は西南戦争後も生き延びていてロシアへ亡命していた？

歴史には、このような説や謎がいくつも残っている。

そもそも、学校で教えられた歴史は正しいのだろうか。
教科書に載っているその「真実」の根拠は、一体何なのか。

もしかしたら、誰かが勝手に書いた落書きやゴシップ記事のようなものが、「文献」として発見され、真実として伝えられているだけなのかもしれない。

伝えられているものは、実は曖昧だ。
すべてを真実だと鵜呑みにする前に、自分なりに一度考えてみよう。
もしかしたら、別のものが見えてくるかもしれない。

見えないところに、
新しい何かがあるかもしれない。

想像してみよう。

SWITCH:69

月はいつ見ても同じ顔をしている。
そう。月の裏側は、地球からは見えないのだ。

月の公転運動は27日周期で、自転運動も同じく27日周期。
つまり、月が地球のまわりを1回転する間に、月自身が1回自転して、常に地球に対して同じ面を向けているので、半分はまったく見ることができない。
（軸のブレがあるため、厳密には41%が見えていない）

つまり、地球上にいる僕たちには、月の裏側は絶対に肉眼で確認できない。

人類が到達したことのある唯一の地球外天体、月。
いつも見ていて、よく知っているようだが、実はまだまだ知り得ない部分が存在している。

もしかしたら何かあるのかも…
そう想像するだけで、なんだかワクワクしてこないだろうか？

すべては月の裏と同じだ。
見えない部分に、「何かあるかも」と想像してみよう。
そこから、新しい世界は広がっていく。

一生雑魚でいいじゃないか。

SWITCH:70

漫画の神様とまで称された手塚治虫《てづかおさむ》さんは、ある漫画賞の審査員をやったとき、
「僕は、本当は応募作なんか見たくないんですよ。僕の作品を応募したいんです」
と言っていたらしい。

いつだって気持ちは新人。
そうやって、いくつもの大作は生み出された。

マイナスと思えることであっても、
気持ちの持ち様ひとつで、
生きる世界は大きく転換する。

SWITCH:71

女性お笑いトリオ「森三中」の大島美幸《おおしまみゆき》さんは、小中学校時代に壮絶なイジメにあっていた。
あるとき、思い切って「なんでいじめるの？」といじめっ子に聞いた。
すると「お前が泣くと面白いからだよ！」と答えが返ってきた。

この言葉を境に、「あ、これって面白いんだ。じゃ、嫌々泣かされるんじゃなくて、わざと泣いて笑わせているんだと思おう」と気持ちがスイッチし、いじめを克服することができたという。

そして彼女はお笑い芸人となり、今は日本中の人たちを笑わせている。

マイナスと思えることであっても、それを強みに変えられれば、無敵になれる。

失敗したら…**胸を張ろう。**
こけたら…**堂々としよう。**
挫折したら…**喜ぼう。**

SWITCH:72

人類の歴史を変えた発明王・エジソン。
蓄音機や電球をはじめ、特許取得数はアメリカだけで1,000を超え、生涯におよそ1,300もの発明を残した。

彼が発明家としてすごいのは、強靭な精神力と不屈の信念の持ち主であったということだ。

一説では、電球を発明するまでに、1万回も失敗したと言われている。
しかし、彼は決して失敗とは言わなかった。

「1万回も失敗したそうですが、大変でしたね」とインタビュアーに言われたとき、
「失敗ではない。うまくいかない方法を1万通り発見しただけだ」
と答えたという。

どんな失敗も新たな一歩となると考え、決して失望などしなかった。
それがエジソンの成功の秘密だったと言われている。

＊

失敗。
これはうまくいかないということを確認した成功。
失敗すればするほど我々は成功に近づいている。
～エジソン～

衝動には計画なんてない。

無計画が、ときに人生を大きく変化させる。

SWITCH:73

編集者、そして作家である森永博志《もりながひろし》さん。
と、2つの肩書きを書いてみたが、それではしっくりこない。

『ドロップアウトのえらいひと』や『原宿ゴールドラッシュ』をはじめとした本を多数執筆し、あらゆる雑誌やベストセラーとなった本の編集にも携わってきている。雑誌やサイトの連載もやっているし、ロカビリーバンドのプロデュースもするし、アーティストの曲の作詞も手がけている。さらに、大小様々なイベントをオーガナイズし、店をプロデュースし、小笠原で映画も作っていたりもする。

彼の仕事は、超一流の仕事から超アンダーグラウンドな世界まで、
ジャンルは多様。
彼を一言で説明するなら、「つくる人」だろうか。

これだけ聞くと超忙しそうだが、本人は毎日飄々と子どものように楽しそうに生きている。
ビジネスマンという言葉はまったく似合わない。

彼は言う。
「職業への憧れが、若い頃の自分にあったかっていうと、なかった。自然のなりゆきでそうなってしまった感が強い。憧れていたのは、職業ではなく、ライフスタイルだった」

そういう彼の人生を変えたのは、たった1曲の音楽だった。
17歳のとき、ローリング・ストーンズの『黒くぬれ！』を聴いた瞬間、ドカーンという音が自分の内で響き、彼の心は弾け飛んだ。
それまで聴いたこともない異様なサウンド。ブライアン・ジョーンズがシタールをかき鳴らして生まれたマジカルなリズム。それは音楽を超えて、胸に突き刺さった。

こうなったら、普通はロック・ミュージシャンを志すのだろうが、そんなことではおさまりのつかない感情の激しい動き。

とにかく家を出るしかないと考えた彼は、翌朝5時に親の枕元で「お世話になりました」と別れの挨拶をし、100円だけを持って、何のあてもなく家を出た。
無計画。まさに衝動だ。

そして100円で行けるところまで、と電車に乗って、高円寺に降り立った。そこで無一文になった彼は、ゴミ箱を漁って、捨てられていた新聞を拾い、ラッキーにも高円寺の販売店の住み込みの新聞配達員の求人情報を見つけて、店を訪ねた。すぐに採用されて、住むところと仕事を手に入れた。

その後、いろいろな仕事を点々とした。配達の仕事、倉庫の仕事、印刷工場の仕事、ボート場の管理人、住み込みの建設労働者…いろんな経験を積んでいった。
彼はそのままの勢いで突き進み、心の赴くままに流れ続け、唯一無二のライフスタイルを手に入れた。

「何か勉強なんかするより、町で働いていた方が、自分にはいいような気がしたんだよね」
笑いながら、彼は語ってくれた。

一瞬の衝動が、その後の人生を大きく変えることがある。
しかしそれは、突き動かされた心と共に、何か行動を起こした場合だけだ。

どんな行動でもいい。家出だっていい。
まずは一歩踏み出してみよう。
路上にはきっと、山ほど宝物が眠っている。

MY SWITCH NOTE

スイッチNo.

DATE: . .

memo

88 Switch

MY SWITCH NOTE

迷いながら 間違いながら
歩いていく その姿が正しいんだ
君が立つ地面は ホラ
360度 全て 道なんだ

『Stage of the ground』BUMP OF CHIKEN

MY SWITCH NOTE

スイッチNo.

DATE: . .

. .

memo

88 Switch

MY SWITCH NOTE

扉は自然に開くものではない。

扉は強引にこじ開けるものだ。

SWITCH:74

『ジョーズ』『未知との遭遇』『E.T.』『インディ・ジョーンズ』『ジュラシック・パーク』『プライベート・ライアン』『マイノリティ・リポート』…数々のヒット作を世に送り出し、世界最高の映画監督のひとりとして挙げられるスティーヴン・スピルバーグ。

幼い頃から映画監督を夢見た彼が、学校などそっちのけで選んだ勉強の場は、ユニバーサル・スタジオの撮影現場だった。
17歳のとき、アリゾナに住んでいたスピルバーグは、ロサンゼルスのユニバーサル・スタジオを、観光バスツアーに参加して訪れた。
ツアーでは、映画関連のセットなどを見ることはできたが、撮影の現場を見学することはできなかった。そこでスピルバーグは、思い切った行動に出た。ツアー途中の休憩時間にトイレに隠れ、ツアーを抜け出して、スタジオにもぐりこみ、勝手に撮影を見学したのだ。

さらに翌日、また撮影を見るために、ビジネススーツを着て撮影所に行き、まるで関係者のごとく振る舞って、入り込んだ。そして、スタジオ内で知り合ったスタッフに通行証を作ってもらい、そこから人脈を築いていき、遂には通行証なしでスタジオに出入りできるようになった。

大学生になると今度は、ユニバーサルの空き部屋だった掃除小屋を、自分のオフィスとして勝手に使用してスタジオ内に居候を始めた。そして、そのままハリウッドに出入りするようになった。

自分の年齢や経験不足などに臆することなく、最高の環境に強引にもぐり込んでいく大胆な姿勢が、彼の成功への扉をこじ開けたのだ。

「無理！」→「できる！」

ハッタリでも構わない。
そう言ってしまえば、何かが動き始める。

SWITCH:75

マイクロソフトの会長、ビル・ゲイツ。世界一の大富豪だ。
彼が成功への扉を開いたのは、「Windows」の前身となる基本ソフト「MS-DOS」の開発だと言われている。

1980年、コンピューター業界の大手IBMが、新しいパソコンを開発中、基本ソフトであるOS開発までは、自社で手が回らなかったため、外部に発注しようと考えた。
当時は、デジタルリサーチのゲーリー・キルドールが作ったCP/MというOSがよく使われていたので、IBMも最初に彼に声をかけた。しかし、ゲーリーはミーティングの約束をすっぽかして外出しており、契約は破談となってしまった。
そして小さなソフト会社だったマイクロソフトに、その話が回ってきたのだ。しかし、ビル・ゲイツはその時点ではOSを開発していなかった。しかも納期はとても短かったので、新たに作っている時間はない。

それでも彼はこのチャンスに懸けた。
すぐに、開発もしていないOSの提案書を作り、契約に応じたのだ。
とはいえ、OSは手元にない。ゼロから作っていたのでは納期に間に合わない。そこで彼は、近所のプログラマーから、既に開発していたOSを権利ごと買い取って、それを作り変えて、「MS-DOS」としてIBMに売り込んだ。

IBMの新しいパソコンは予想以上に売れた。それと同時に、「MS-DOS」も爆発的に普及！ あっという間に業界標準となり、マイクロソフトの快進撃が始まった。

ビル・ゲイツ、当時25歳。マイクロソフト、そして「Windows」の原点は、ゼロからの創造ではなく、既に存在したもののコピーだった。

チャンスを掴むための判断と行動力が、世界を変えた。

成功するまでやり続ければ、

必ず成功する。

SWITCH:76

第16代アメリカ大統領、エイブラハム・リンカーン。
偉大な解放者、奴隷解放の父と呼ばれ、歴史上最も愛された大統領との呼び声も高い。
しかし彼の人生は、挫折だらけだったのだ。

貧しい家に生まれた彼は、9歳で母親を亡くし、小学校を中退している。
23歳のとき、小さな雑貨屋を借金で購入したが破産。借金を返すのに15年かかった。
同じ年、州議会議員選挙に初めて立候補するも、立候補者13人のうち8位で落選。
翌年、事業をおこすが、またも失敗。
26歳のときには、愛する彼女に先立たれ、精神的に病んでしまった。
その後も繰り返し選挙に立候補するが、計8回も落選している。

そして51歳のときに、「丸太小屋からホワイト・ハウスへ」のキャッチコピーで大統領に当選した。

どんな挫折を味わっても諦めなかった。
「諦めないこと」。それが彼の人生を変えた。

がむしゃらな情熱。

ただ、それだけあれば、もう既に最強だ。

林遣都、桐谷美玲、小栗旬、山田孝之、城田優、片瀬那奈、安倍なつみ…など、今をときめく豪華キャストで映画化され、大きな話題となった『荒川アンダーザブリッジ』。
この映画の脚本・監督を務めたのが飯塚健《いいづかけん》さんだ。
さらに、映画に出演したことをきっかけに交際していた女優の井上和香との結婚報道でも、世の中を騒がせた若手映画監督である。
彼の映画監督デビューまでの道のりがすごい。

自分の将来について悩み始めた高校生の頃。
なんとなく観に行った映画のエンディングロールを眺めていたとき、最後に出てきた監督の名前を見て、「監督ってのは最後に出てくるから、きっと偉いんだろうな、かっこいいな」と思った彼は、「これだ！ 映画監督になりたい！」と、映画監督を目指し始めた。

昔から映画をたくさん観てたわけじゃなく、ましてや黒澤明作品すら観ていなかったのに、
直感的に映画監督になることを決めた。
映画監督がどんな仕事かすら、知らなかったのに。

それから、特に考えもなく、なんとなく流れで大学生になり、「さぁ、本格的に映画監督を目指そう！」と、仲間を集めた。
しかし、誰も映画なんて撮ったことがなかったので、何から始めればいいのかサッパリ。

何か新しいことを始めるなら、まずは本を読んで調べようと、『映画監督のなり方』や『脚本の書き方』といったベタな本を読んでみるが、やっぱり、まったく意味がわからなかった。

でも、止まっていても何も進みそうにないから、とりあえずカメラ

を買って、実際に撮りはじめてみた。
それから少しずつ実践を重ねながら、本に書いてあることの意味を理解していった。

次に、「脚本を書かなきゃ、映画が撮れないじゃん」という当たり前のことに気付き、初めて脚本を書きはじめた。とはいっても、何も勉強してなかったので、やっぱり最初はまったく書けない。
「書く才能ねぇな〜」と何度も思いながら、とにかく必死で書いた。

そんな感じで、大学に行きながら、仲間内でワイワイ言いながら自主映画を撮って、コンテストで賞をもらったりしていたが、いっこうに映画監督に近づいている気がしない。

「やっぱり映画っていうのは、劇場で公開されてはじめて映画なんだ。そう考えると、ただ楽しく撮ってるだけじゃ話にならない。創ってるだけじゃ、スタートラインにも立ってないんだ」
そう思った彼は、「命をかけてでもプロのような映画を撮ろう」と決心し、大学を辞めた。

しかし、問題は山積みだった。まずは、お金の壁。
「プロの映画を撮るなら、やっぱり最高峰の35ミリフィルムでしょ！」と、調べてみたら、撮るだけで2,000万円かかるってことがわかった。
大学も辞めて、ただのフリーターになっていた彼には、2,000万円なんて想像もつかない。

お先真っ暗になった彼は、とにかく前に進もうと、有り金をはたいて、とりあえず沖縄・石垣島にロケハンツアーへと飛んだ。
「まずは映画の舞台を決めちゃおう！　カネのことはあとから考えればいいよ」

ロケハンをやって、舞台は決まった。あとは撮るだけ。
いよいよもう、お金の問題からは逃げられない。

そして、書き上げた脚本を片手に、会社の偉い人や投資家…
思いつく人に、ダメモトで片っ端から会いに行った。
しかし当時は22歳のただのフリーター。もちろん誰も相手にしてくれない。

それでも諦めず、とにかくいろんな人に会った。
厳しい言葉やアドバイスを聞いているうちに、段々自分たちに足りない部分が見えてきて、それを少しずつクリアにしていくうちに、お金もスタッフもキャストも揃ってきたという。

そして、最終的にはなんと、7,000万円を集めることに成功！
スタッフ、キャストも妥協せず、最強の顔ぶれを集め、無事クランクイン。石垣島滞在30日間のうちに3回も台風を食らいながらも、周りのスタッフと戦いながら、そして支えてもらいながら、デビュー作となる『サマーヌード』を撮り切った。

その後、映画祭を経て、遂に東京の老舗映画館「テアトル新宿」で劇場公開。
この年のテアトル新宿レイトショー最高ヒットを記録し、24歳にして映画監督デビューを果たした。

彼が、本気で映画を撮るために、大学を中退したのは21歳のとき。
わずか3年で、デビューを果たしたということだ。
しかも、知識・技術・経験もなく。

彼にあったのは、自ら書いた脚本と、情熱だけだった。

人間にとって、最も必要で一番シンプルなこと。

SWITCH:78

今からおよそ800年前の話。

好奇心の旺盛だった、神聖ローマ帝国皇帝のフリードリヒ2世は、あるとき「どうして子どもは言葉を話せるようになるんだろうか？教育を受けていない子どもは最初にどんな言語を話すんだろうか？」と疑問を抱いた。

そして、ある実験を行った。
生まれたばかりの孤児たちを集め、ベビーシッターに条件をつけて世話をさせた。
その条件は「赤ちゃんに話しかけたり、笑顔を見せたりしてはいけない」「赤ちゃんが声を発しても応えてはいけない」というものだった。

特に過酷な扱いをしたわけではない。
ただ、人との触れ合いを極力なくし、機械的に育てただけだ。

結果。
赤ちゃんは、みんな死んでしまった。
実験は失敗に終わった。

人間にとって最も必要なものは、愛情やコミュニケーションなのかもしれない。

能力がない…　努力が足りない…
そう嘆く前に。

もしかしたら、
方法が間違っているのかもしれない。

SWITCH:79

スウェーデンの公用語はスウェーデン語だが、ほとんどのスウェーデン人は流暢な英語を話す。

なぜか。
それは、言語が似ているということもあるが、テレビが大きく影響しているらしい。
スウェーデンでのテレビ番組の多くは、アメリカやイギリスで制作されたもので、これらが吹き替えではなく字幕で放送されている。
子どもの頃からこのような番組を見ているうちに、自然と英語が身についているのだ。

それに比べて日本人は、中学・高校の6年間しっかり英語を勉強しているが、流暢に話せる人はかなり少ない。

僕たちの語学に対する勉強方法は、正しいのだろうか？

自分は**「運がいい」**と考えている人。
自分は**「運が悪い」**と考えている人。

その考え方次第で、人生の景色は変わる。

SWITCH:80

パナソニック（旧・松下電器産業）の創業者で、経営の神様と呼ばれた松下幸之助《まつしたこうのすけ》さんは、面接試験のとき、よくこんな質問をしていたらしい。

「あなたは、これまで運がいい方でしたか？ それとも運が悪い方でしたか？」

結果、「運がよかった」と答えた人は合格、「運が悪かった」と答えた人は不合格になった。

なぜかというと、「運がよかった」と答えられる人は、周囲の人たちや自分が置かれた環境に対する感謝の気持ちを持っているから。
そういう人は、たとえ自分が逆境に陥ったとしても、前向きに取り組める人物だと判断していたという。

成功は運がよかったから。
失敗は自分に力がなかったから。
そう考えて経営をやってきた。
～松下幸之助～

あなたは、運がいい方でしたか？

自分の不遇を嘆き、相手を非難する前に、
視点を変えて物事を洞察しなさい。

今まで見えなかったことが
見えてくるようになります。

ジョセフ・マーフィー（米国の教育家・牧師）

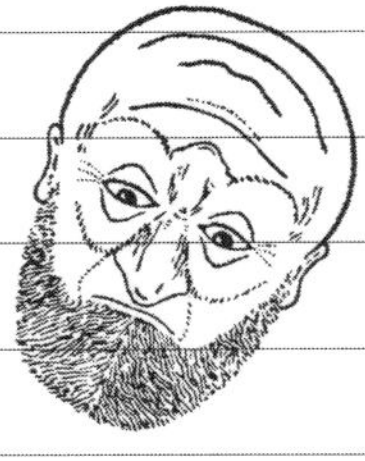

MY SWITCH NOTE

スイッチNo.

DATE: . .

memo

88 Switch

MY SWITCH NOTE

行きたい！ やりたい！
その想いだけで、世界だって変わる。

SWITCH:81

吉田松陰《よしだしょういん》、24歳のとき。
アメリカの黒船が来航した。

その姿を見た松陰は、アメリカの技術に衝撃を受け、同時に、日本への危機感を募らせた。

「このままでは日本は駄目だ。なんとかして海外の実態をこの目で確かめるしかない」
そう考えた松陰は、翌年、2度目の黒船来航の際、海外渡航を企てた。

当時、密出国は重罪。
見つかってしまえば、死罪もあり得る。
しかし、彼は海を渡ることを決意した。

そして弟子の金子重輔と共に、小舟に乗った。
浦賀の海に浮かぶ黒船を目指して。

そう。
なんと彼は、命懸けで黒船に乗り込み、密航させてもらおうと考えたのだ。

小舟を漕ぎ出した。
しかし波は高く、思うように進まない。
1日目は、波に押し戻されて浜に流れ着き、失敗。
2日目は、雨だったので、舟は出せず。
3日目に、上陸中だったアメリカ人に、渡米嘆願の手紙を渡すことに成功した。

しかし、もちろん迎えには来てくれない。

「やはり自分で乗り込むしかない」と、再び小舟を漕いで、黒船を目指した。

そして、なんとか黒船に横づけし、デッキに乗り込んだ。
上がってきた2人に、通訳官が応対した。
アメリカ人に渡した手紙の内容はペリーにも伝わっていたのだが、「日本の法律を破ってアメリカに連れて行くことはできない」と追い返されてしまった。

この無謀ともいえる行動は、ペリーにも大きな衝撃を与え、当時の欧米での日本人観を変えたとも言われている。

「厳しい国法を犯し知識を得るために命をかけた2人の教養ある日本人の激しい知識欲は興味深い。
この不幸な2人の行動は日本人に特有なものと信じる。
日本人の激しい好奇心をこれ程現すものは他にない。日本人のこの特質を見れば、興味あるこの国の将来には、何と夢に満ちた広野が、何と希望に満ちた期待が開けていることか!」

〜『ペリー提督の日本遠征記』より〜

この後、松陰は牢獄に入れられたが死罪にはならず、一度は獄を出て、松下村塾を開き、高杉晋作、久坂玄瑞といった逸材を輩出した。

その後、再び牢獄に入れられ、死罪となって首を斬られた。
享年30歳。

命を懸けた吉田松陰の行動。
それが、日本の革命・明治維新の始まりだったのかもしれない。

＊

この海の向こうに何があるか知りとうはないか？
僕は知りたい。異国をこの目で見とうてたまらんのじゃ。
今そこに黒船がきちょるんぞ。黒船に乗ればアメリカに行けるんじゃ。
日本よりはるかに進んだ文明の国へ。

そりゃ、失敗するかもしれん。
黒船に行き着く前に捕らえられるかもしれんし、
アメリカ人に乗船を拒まれるかもしれん。
それでええんじゃ。
何もせんでおることより、その方が何千倍、何万倍も値打ちがある。
僕は死など怖くない。
そげなことより、行きたいちゅう気持ちの方が遥かに強いんじゃ。

君が本当に異国に興味があるなら、きっと僕と同じことをするはずじゃ。
君はそれをせん。なぜじゃ。
殺されるからか。日本に帰れんからか。別れがつらいからか。
そんなものはすべて言い訳じゃ。

〜『龍馬伝』吉田松陰の台詞より〜

必要な情報を見極め、うまく操れているだろうか？
情報洪水に溺れ、操られてはいないだろうか？

有効利用できない情報は、
視界を曇らせる原因になるだけだ。

SWITCH:82

一説によれば、「現代人が一日に触れる情報量は、江戸時代の人が触れる情報の一生分にも匹敵する」と言われている。

それは、とても恵まれていることなのだが、情報洪水の中に身を沈めている状況でもあるのだ。

「人は24時間以内に、得た情報の約8割を忘れてしまう」とも言われている。

情報洪水の中で、うまく取捨選択ができなければ、本当に重要なことも失ってしまうかもしれない。

日本に生まれて良かった？
日本に生まれて不幸だった？

当たり前すぎて、忘れてはいないか？

幸せの物差しをもう一度見直そう。

SWITCH:83

水道水をそのまま飲める国は、
日本を含め、たったの11カ国しかないと言われている。

水を手軽に安心して飲めるということ。
実は、それは非常に稀なことなのだ。

この時代、この国に生まれた。
それだけでも、僕たちは恵まれている。

「老人は老人らしく」しなくてもいい。

人間は人それぞれ。
「らしく」というひとつの価値観でくくる必要はない。

SWITCH:84

「アンパンマン」の生みの親、やなせたかしさんは、90歳を超えた今でも、現役で活動を続けていて、毎日ワクワクしながら人生を楽しんでいる。しかも、若い頃以上に、今を楽しそうに生きているのだ。

彼の著書にこんな言葉があった。

八十歳過ぎると人生のマニュアル、つまり手引書のようなものが何もない。毎日が新鮮でびっくり仰天、未知の世界への冒険旅行だからおもしろい。

『人生、90歳からおもしろい！』やなせたかし（フレーベル館）

「もういい年なんだから…」
そんな世間の常識は、彼には通用しない。

「いい年」だからこそ、やりたいことはどんどんやる。
それが彼の人生だ。

自分を縛りつける常識に従うのはもったいない。
楽しんでいる人間が最強だ。

人生は楽しむためにある。

＊

なんのために 生まれて
なにをして 生きるのか
こたえられないなんて
そんなのは いやだ！

『アンパンマンのマーチ』

年を重ねていくと、何が衰えてくるのか。

記憶力がいいか悪いかよりも、
世界を新鮮に見る力が鈍っているかどうかが問題だ。

世界を慣れた視点で見てはいないか。

SWITCH:85

脳の神経細胞は、3歳以降は一定で、何歳になってもほぼ変化はない。それなのに僕たちは、年をとるごとに記憶力が低下しているような気がしている。これはどうやら、「老化すれば記憶力が衰える」という思い込みが原因らしい。

米タフツ大学で、こんな実験が行われた。
18～22歳の若者と、60～74歳の高齢者をそれぞれ64人ずつ集め、単語リストを覚えた後に、別の単語リストを見て、どの単語が記憶した元のリストにあったかを言い当てる試験を行った。
結果、「心理学の試験です」とだけ説明して試験を行った場合は、若者・高齢者ともに正解率は約50%で差がなかったが、試験前に「この試験は通常は高齢者の方が成績は悪い」と説明したところ、高齢者の正解率だけが約30%に低下したそうだ。

脳科学者の池谷裕二《いけがやゆうじ》さんは、糸井重里《いといしげさと》さんとの対談の中で、こんなことを言っている。

大人と子どもとの違いとして、もっとも大きな点は、「子どもはまわりの世界に白紙のまま接するから、世界が輝いて見えている。何に対しても慣れていないので、まわりの世界に対して興味を示すし、世界を知りたがる。だけど、大人になるとマンネリ化したような気になって、これは前に見たものだなと整理してしまう」ということになるのだと思います。大人はマンネリ化した気になってモノを見ているから、驚きや刺激が減ってしまう。刺激が減るから、印象に残らずにまるで記憶力が落ちたかのような錯覚を抱くようになる……。

『海馬 - 脳は疲れない』池谷裕二、糸井重里(新潮文庫)

生きることに慣れてしまい、興味を失った瞬間に、僕たちは、記憶力と共にいろいろなものを失っている。
新鮮な気持ちでワクワク生きよう。世界はいつも輝いている。

答えは、いつも自分の中にあるとは限らない。

視点を変えて、目の前のものを見つめてみよう。

SWITCH:86

様々な分野で活躍するアートディレクターの佐藤可士和《さとうかしわ》さん。
彼は美大生の頃、アートディレクターというのはアーティストに近いポジションで、自分の「作品」を作り上げることが仕事であり、その作品をメディアや企業の広告枠に当てはめるものだ、と考えていた。
しかし、広告代理店に入社して5年目、ホンダ・ステップワゴンの広告のビッグプロジェクトに入り、彼の仕事への取り組み方は変わった。
個人的な嗜好は置いておいて、車が持っている本質的な価値に対して素直に向き合ってみよう、と自我を捨て、商品とクライアントにとって何が大事なことかを真剣に考えてみたのだ。
そして、『こどもといっしょにどこいこう。』というキャッチコピーを掲げ、従来の自動車広告のイメージを覆す大胆なアプローチを打ち出し、大好評を博した。セールス的にもミニバンカテゴリーのトップに輝き、キャンペーンは7年間も続いた。

「それまでは、邪念がいっぱいあった。賞が欲しいとか、カッコいいものを作ってデザイナーとして評価されたいとか。商品にとって正しい広告とは何かということが見えていなかった」
そこで気付いたのは、大切なのは自己表現ではなく、どう人々に伝えるか、ということ。自分の中に答えがあって、それをひねり出すのではなく、答えは相手の中にあって、それを整理し、伝えていく…それが彼の掴んだスタイルだった。

答えは相手が持っている。そう考えるようになってからは、自分自身のアイデアがなくなるんじゃないか、という恐怖や不安から解放されたと彼は言う。

答えが見つからないと悲観する前に、視点を変えて相手を見てみよう。
きっと、答えは、目の前にある。

知識がゼロでも、未経験でも、無一文でも、

やり続ければ、誰でも成功できる。

SWITCH:87

自由人で作家の高橋歩さんの話。
本書の発行元であるA-Worksの代表でもある彼だが、出版社を始めた頃は、出版に関する知識はほぼゼロだった。

高橋歩、22歳、プータロー。
友人と飲んでいるときに本の話題になり、「本屋の自伝コーナーで、キュリー夫人や野口英世とかの隣に、高橋歩の自伝があったら笑えるべ?」と盛り上がった。
さっそく『出版業界』みたいな本を買って読んでみたが、難しくて1時間で挫折。
唯一得た情報は「本を出すためには出版社の編集者にOKをもらう必要がある」ということだった。
しかし、他人の許可を得るのは面倒くさいと考えた彼は、自分たちで出版社を創ることにしたのだ。

友人の高校1年生、走り屋、そして自分の弟を仲間に入れて、4人で怪しいアルバイトをしたり、友人知人に頭を下げてお金を借りたりして、無一文から600万円をかき集め、出版社を立ち上げた。
こうして、社員の平均年齢20歳の日本最弱出版社が誕生した。

そして、「手書きはさすがにヤバい」ということで、手始めにワープロを買った。ブラインドタッチという言葉がなんとなくピンと来なかった彼は、2本の指を駆使して原稿を書き始めた(おかげで、いまだにブラインドタッチはできない)。

慣れないワープロで、保存するのを忘れて、14時間頑張って書いた原稿を消してしまい、「わぁー」とシャウトして、ワープロにワンパン食らわせて、速攻で寝たり…
盲導犬の話を書きたいと思って、盲導犬協会に取材に行こうとしたら、テープレコーダーを持っていないことに気付き、大きなラジカセで録音したり…
近所の小さな印刷所に行って、「本作りたいんですけど、いくらかかりますか?」と聞いてみたが、ページ数、希望用紙、入稿形態などを尋ねられ、まったくわからず。その頃好きだったジャック・マイヨールの『イルカと、海へ還る日』という本を持って行き、「こんな感じで!」と見積もりを取ってみたり…
近所の書店に行き、店員さんに「本の営業ってどうやってやるんですか?」と聞き、他の出版社の営業マンが持ち込む注文書を見せてもらい、見よう見まねで営業を始めてみたり…

とにかくすべて超手探りで、なんとか本を作り上げ、書店を1店1店まわって3,000冊の注文を集め、初めての自伝『HEAVEN'S DOOR』は発売された。

そんなやり方でうまくいくのか?
ほとんどの人がそう思うだろう。
しかし!…と言いたいところだが、お察しの通り、彼の自伝は見事にまったく売れなかった。

その後も、弟の書いたイルカの本や友人の書いた小説を出版してみたが、3冊すべてがまったく売れず、借金は遂に3,000万円まで膨れ上がった。そして仲間たちは去って行き、自分(23歳)と弟(21歳)の2人だけが残った。

途方に暮れた彼らは、解散の期限を2年後に決めた。
「何があっても、期限までは絶対に最後までやり抜くこと」

終わりを決めたことで、もう一度、爆発力が生まれた。
そして運命をかけた4冊目。初めてヒットを記録した。
新しい仲間も増え、ヒットが続き、会社は軌道に乗った。

それから十数年。
高橋歩の著作の累計発行部数は180万部を超えた。

彼は言う。

憧れて、やってみて、失敗して、またやってみて、また失敗して、またまたやってみて、またまた失敗して×1億…の末に、最後にうまくいって、感動の乾杯！
いつも、そんな感じだね。七転び八起き？ 甘い、甘い。
億転び兆起きでいこう！
『Adventure Life』高橋歩（A-Works）

ひとつのことに集中して、狂ったように頑張っていれば、必ず、力はついてくる。
失敗を繰り返しながら、専門的な知識や技術も身についてくる。
それが、誰か他の人の役に立ち始めたとき。
お金は自然についてくる。
『自由への扉』高橋歩（A-Works）

失敗だらけの日々。
でも、失敗が恥なんじゃない。
失敗によってエネルギーを失ってしまうことが恥なんだろ？
『WORLD JOURNEY』高橋歩（A-Works）

成功するか？ 失敗するか？
そんなのわかりきったことじゃん。
成功するまでやれば、必ず成功する。
『FREEDOM』高橋歩（A-Works）

こんな高橋歩でも、できている。
諦めず、成功するまでやれば、きっと誰でもうまくいくはずだ。

そもそも成功って何だろう?
そもそも失敗って何だろう?

SWITCH:88

「成功」の反対は「失敗」ではなく、
どうやら、「何もしない」らしい。

感心したり、驚いたり、心が動いたりしたとしても、
自分が動かなければ、何も変わらない。

この本を読んで、少しでも新しい世界が広がったなら、
今すぐ、何かを始めよう。

まずは一歩。

*

やってみなければ、結局は失敗と同じ。

〜リチャード・ブランソン（ヴァージン・グループ創設者）〜

他人が何言おうと、
それでおまえの人生が最高やったらエエがな。

辰吉丈一郎
『波瀾万丈 辰吉丈一郎』（ベースボール・マガジン社）

MY SWITCH NOTE

スイッチNo.

DATE: . .

memo

88 Switch

MY SWITCH NOTE

おしまい

おわりに

自分で身につけてしまった「常識」に気付かないうちに縛られ、自由に生きたいと思っていたはずなのに「枠」にきちっとハマり、いつの間にか視野はすっかり狭くなり、気がつくと小さな世界の中で生きている…

まさに18歳のときの僕がそうだった。
なんとなく推薦で入った大学の経済学部。教師になりたいと考えていたが、経済学部では社会の先生にしかなれないことがわかり、「社会は嫌だなぁ」となんとなく諦めた。そして、特にやりたいことも見つからないまま、退屈しのぎに、バイトをやったりバンドをやったり…ダラダラと学生生活を送っていた。

3年生の中盤にさしかかった頃、世間の流れ的に就職を考えなければならなくなった。
「何かモノを作るようなクリエイティブな仕事には興味があるけど、経済学部だから無理だろうな。一流大学でもないから有名企業に入るのも難しいだろうし。まぁ、なるべく興味のある方向で、なるべく大きな会社に入り、なるべく多くの給料をもらえれば…」と、漠然と思っていた。

仕事は大変で、嫌なもの。
でも、生きていくためには、仕方なくやらなきゃならないもの。
残された大学生活は、たぶん人生で最後の自由時間。
…そう考えていた。

そんなとき、2人の自伝を読んだ。
本書でも紹介した高橋歩(240P)と軌保博光(176P)だ。

「そんな生き方、ありなの？」
彼らの生き方に触れた瞬間、僕の中のスイッチが入った。

彼らのようになりたいと思ったわけではないが、今までの自分の人生観や仕事観は完全に崩れ、急に視界が開けたような気がした。そして僕の退屈なはずの未来は、あっという間に楽しみなものへと変わり、なんだかワクワクしていた。

すぐに、高橋歩さんが立ち上げた出版社であり、軌保博光さんの本も出版しているサンクチュアリ出版のサイトにアクセスしてみた。そして掲示板で、ひとりの女の子の書き込みを見つけた。
「私は大学3年生で、これから就職活動なんですが、その前にサンクチュアリ出版の方に話を聞きに行きたいんですが…」
僕は、勢いでコメントを書き込んだ。
「俺も同じくこれから就職活動。話を聞いてみたいから、2人で会社を突撃訪問してみようか！」
それを見た副社長から返信が来た。
「そんなやり取りをしている2人に座布団一枚！ 今度会社説明会をやるから、2人ともおいでよ」

そして会社説明会に行った。
そこにはリクルートスーツを着た7人の学生が集まっていて、そのうちの僕を含む3人が、実際に入社することになった。

これが僕の出版業界に飛び込むきっかけとなった話。
ちなみに、同期で入社したひとりの女の子が、僕の今の妻だ。

たった2人の生き方というサンプルに触れたことで、スイッチが入り、掲示板にメッセージを書き込むというほんの一歩が、新たな扉を開き、人生は劇的にスイッチした。

きっかけは小さなものでもいい。

ココロにスイッチが入れば、人生は一瞬でスイッチするのだ。

人生が変わるきっかけとなり得る「スイッチ」のような話が詰まった本を作りたい。
そんな気持ちで立ち上げた企画が本書だ。

「視点が変わる」「脳ミソがスパークする」「価値観が覆される」「目からウロコが落ちる」「常識が壊れる」「インスピレーションが湧く」…
そんなテーマのもと、僕自身が本で読んだり人から聞いたりして印象に残っていたエピソードを集めて、1冊にまとめた。
間違いのないように調べ直し、出典を巻末に表記するようにしたが、ものによっては僕の記憶の中で多少脚色されているものもあるかもしれない。そのあたりはご容赦頂ければと思います。

たった一度の人生。新しいスイッチが入り、あなたの世界が広がるきっかけとして、本書が役立てば幸いです。

退屈な人生を、破壊せよ！
Enjoy your life.

2012年10月18日　滝本洋平

■主な出典・参考文献（順不同）

●『サラリーマン金太郎 1巻』本宮ひろ志（集英社）

●『社員をサーフィンに行かせよう パタゴニア創業者の経営論』
著：イヴォン・シュイナード、訳：森摂（東洋経済新報社）

●『平凡な私が月300万円稼ぐ7つの理由』右近勝吉（東洋経済新報社）

●『「自分ルール」でいこう！』のぶみ（角川グループパブリッシング）

●『暴走族、絵本作家になる』のぶみ（ワニブックス）

●『夜と霧（新版）』著：ヴィクトール・E・フランクル、訳：池田香代子（みすず書房）

●『ぼくの出会ったアラスカ』星野道夫（小学館文庫）

●『わが友 本田宗一郎』井深大（ごま書房新社）

●『自由であり続けるために20代で捨てるべき50のこと』四角大輔（サンクチュアリ出版）

●『大富豪アニキの教え』兄貴／丸尾孝俊（ダイヤモンド社）

●『たかが英語！』三木谷浩史（講談社）

●『どん底からの成功法則』堀之内九一郎（サンマーク出版）

●『感動無き続く人生に興味なし』軌保博光（サンクチュアリ出版）

●『門』夏目漱石（新潮文庫）

●『一歩を越える勇気』栗城史多（サンマーク出版）

●『ブラック・ジャック創作秘話 〜手塚治虫の仕事場から〜』
原作：宮﨑克、漫画：吉本浩二（秋田書店）

●『ピンポンダッシュ』飯塚健（サンクチュアリ出版）

●『人生、90歳からおもしろい！』やなせたかし（フレーベル館）

●『海馬 - 脳は疲れない』池谷裕二、糸井重里(新潮文庫)

●『のうだま2』上大岡トメ、池谷裕二（幻冬舎）

●『佐藤可士和の超整理術』佐藤可士和（日経ビジネス人文庫）

●『愛する言葉』岡本太郎、岡本敏子（イースト・プレス）

●『波瀾万丈 辰吉丈一郎』辰吉丈一郎（ベースボール・マガジン社）

本書を執筆するうえで以上のような文献を参考にさせて頂きました。
上記以外にも、ウェブサイト、テレビ、雑誌等の多くの媒体を参考にさせて頂きました。
この場を借りて、厚くお礼申し上げます。

Profile:

滝本洋平　Youhei Takimoto

1978年、広島県広島市生まれ。編集者。
大学3年時にサンクチュアリ出版に入社。3年間で本の搬入・総務・広報・営業・編集と出版に関わるすべてのことに携わる。
自由人・高橋歩の著書『LOVE&FREE』の制作をきっかけに一緒に本を創りはじめ、2003年に出版を中心としたファクトリー「A-Works」を高橋兄弟と共に設立。
編集者として活動しながら、都市型フェス「旅祭 WORLD JOURNEY FESTA」のイベントオーガナイザーも務める。
2010年3月に長男、2012年4月に長女が誕生。現在は、鎌倉に住みながら、二児の父として親バカ満喫中。

磯尾克行　Katsuyuki Isoo

1968年、北海道帯広市生まれ。ストーリーエディター。
様々なパイオニア的プロジェクトやコンテンツの「企画・シナリオ執筆・編集・製作」に携わり、「言魂」をテーマに、「新しい時代の物語」を創り続けている。現在、「ストーリーの執筆・コンセプトのディレクション・コトバのデザイン・ビジョンの立体化」を軸に、様々なプロジェクトのプロデュースを行いながら、「講演・顧問・参謀」など活動の幅を広げている。

SWITCH NOTE

YOUHEI. T& KATSUYUKI. I 編著:滝本洋平・磯尾克行

人生が変わる88のスイッチ!

PUBLISHED BY A-WORKS

SWITCH NOTE スイッチ・ノート

人生が変わる88のスイッチ!

2012年11月23日 初版発行

編著 滝本洋平・磯尾克行

デザイン 高橋 実

A-Works Staff 二瓶 明、小海もも子、伊知地亮、多賀秀行

写真 iStockphoto ©iStockphoto.com/CSA_Images, ©iStockphoto.com/mikessss, ©iStockphoto.com/Samarskaya, ©iStockphoto.com/RichVintage

発行者 高橋 歩

発行・発売 株式会社A-Works
東京都世田谷区北沢2-33-5 下北沢TKSビル3階 〒155-0031
TEL:03-6683-8463/FAX:03-6683-8466
URL:http://www.a-works.gr.jp/ E-MAIL:info@a-works.gr.jp

営業 株式会社サンクチュアリ・パブリッシング
東京都渋谷区千駄ヶ谷2-38-1 〒151-0051
TEL:03-5775-5192/FAX:03-5775-5193

印刷・製本 株式会社光邦

ISBN978-4-902256-47-5

JASRAC 出1213331-201